알아두면
쓸모 있는
IT 상식

알아두면 쓸모 있는 IT 상식

출퇴근길에 읽는
디지털 기술과 IT 이야기

정철환 지음

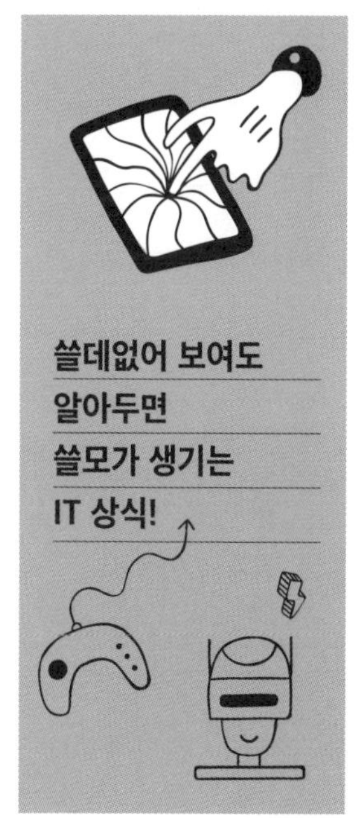

쓸데없어 보여도
알아두면
쓸모가 생기는
IT 상식!

우리 사회의 일상 속
디지털 기술을 말하다!

원앤원북스

하루가 다르게 변하는 IT 세상, 과거와 현재, 그리고 미래

하루가 다르게 변하는 IT 세상에서 우리는 어디로 가게 될까? 그리고 IT 기술은 우리에게 어떠한 미래를 가져다줄까? IT의 과거와 현재, 미래에 대해 이야기해보자.

2016년 3월 9일부터 15일까지 서울 포시즌스호텔에서 열린 한 이벤트에 세상의 이목이 집중되었다. 컴퓨터가 발명된 이후 모든 사람들이 불가능할 것이라고 예상했던 미래가 현실이 되는 역사적인 순간이었다. 네모난 바둑판을 사이에 두고 우리나라의 바둑 최강자 이세돌 9단과 구글의 아자 황이 마주 앉아 바둑을 두는 모습을 KBS에서 생중계했고, 유튜브 생중계를 통해 전 세계 사람들이 지켜보았다. 아자 황은 연구개발자이자 아마추어 6단으로, 사실 진짜 이세돌의 상대는 구글이 개발한 딥러닝 기반의 인공지능 프로그램인 알파고였다. 다섯 번에 걸친 이 역사에 남을 대국은 우리가 알고 있듯이 이세돌 9단의 패배로 끝났다. 1997년에 IBM이 개발한 인공지능 시스템인 딥 블루가 체스 세계 챔피언인 가리 카스파로프와의 대결에서 승리했는데, 이제는 바둑마저 인공지능이 세계 챔피언을 능가한 것이다.

2017년 12월 8일 신문에는 일반인에게 생소한 비트코인이라는 암호화폐의 가치가 2,400만 원이 넘었다고 대서특필되었다. 블록체인이라는 신기술을 이용하는, 컴퓨터 시스템상에 존재하는 가상화폐의 가격이 2017년 초 대비 2천%가 넘게 상승했다는 것이었다. 이 뉴스에 사람들은 마치 새로운 금광이라도 발견한 듯 암호화폐에 열광했고, 수많은 파생화폐와 거래소가 탄생했다. 대학생이 등록금으로 암호화폐에 투자하기도 했고, 거래소 계정이 해킹당해 돈이 사라진 일도 있었다. 결국 암호화폐의 가치는 큰 폭으로 하락해 투자자들의 손실이 이만저만이 아니다. 지금도 암호화폐 열풍은 사회적 관심과 논란의 대상이 되고 있다.

2018년 12월 20일에는 여의도에서 수많은 택시기사들이 모여 시위를 벌였다. 우리나라의 대표적인 IT 기업인 카카오가 새롭게 시작하는 승차공유 서비스 카카오T 카풀에 반대하는 집회였다. 카카오톡으로 유명한 IT 기업이 전혀 다른 업종인 운수업의 택시기사들에게 위협적인 존재로 부상한 것이다.

2019년 7월에는 한 언론에 95억 원이나 하는 빌딩을 구입한 6살 아이의 기사가 실렸다. 유튜브에서 장난감을 가지고 노는 영상을 올려 벌어들인 수익으로 구입했다는 내용이었다. 이 이야기가 전해지면서 수많은 사람들이 유튜브 영상을 제작하는 학원에 등록하는가 하면, 개인 유튜브 영상 제작을 위한 카메라와 마이크가 불티나게 팔리고 있다.

이렇게 IT 기술은 이제 우리의 생활 깊숙이 파고들어 다양한 분야에서 세상의 변화를 주도하고 있다. 대학에서 IT를 전공한 일부 전문가만이 아닌 일반 사람들도 IT 기술의 발전과 이에 따른 변화에 직접적인 영향을 받고 있는 것이다. 그리고 그 변화의 범위와 속도는 시간이 갈수록 더욱더 광범위하고 빠르게 전개될 것이다.

내가 처음으로 컴퓨터를 접한 것은 고등학교 3학년 시절이었다. 당시 같은 반 친구 중 하나가 애플 II 컴퓨터를 구입했다. 개인용 컴퓨터라는 개념이 우리나라에 전혀 소개되지 않았던 시절 미국의 애플

II(실제로는 국내 복제품)를 가지고 있는 것은 아주 드문 경우였다. 친구의 자랑을 듣고 호기심에 친구 집으로 애플 II를 구경하러 갔다. 이 경험은 대학 진학 시 전공을 선택할 때 당시에는 생소했던 전산학과를 택하게 된 이유 중 하나였다.

그렇게 시작된 나와 컴퓨터의 인연은 어느덧 35년이 넘게 이어져 왔다. 그동안 컴퓨터는 눈부신 발전을 했다. 투박한 그래픽의 PC 환경에서 윈도우10 운영체제를 기반으로 하는 고성능 PC로 발전했으며, 서로 고립되어 있던 PC는 전화선을 이용한 모뎀 통신 방식을 거쳐 유선과 무선 인터넷에 연결된 네트워킹 환경으로 발전했다. 집집마다 컴퓨터가 보급된 것은 물론, 모바일 시대로 발전하면서 누구나 주머니에 컴퓨터를 한 대씩 넣고 다니며 실시간으로 네트워킹을 하는 시대가 되었다.

오늘날의 IT 환경에 익숙한 젊은 세대에게는 당연한 것으로 인식되는 몇몇 기술은 겨우 10여 년 전까지만 해도 상상 속에서나 가능했다. 이렇게 IT 기술은 빠르게 변했고 계속해서 끊임없이 변화하고 있다. 변화의 속도만 빠른 것이 아니라 영향을 주는 영역의 광범위함도 놀랍다. IT 기술이 호텔산업을 위협하고 택시기사의 생존권을 침해하며 음식점의 배달 관행을 바꿀지 누가 알았겠는가?

4차 산업혁명이 미래 사회를 바꿀 것이라는 이야기는 이미 여러 매체에서 다루었기 때문에 누구나 한 번쯤은 들어봤을 것이다. 4차 산업혁명이 언제 시작되고 우리 생활에 어떤 영향을 줄 것인가에 대해 고민할 필요도 없이 이미 수많은 영역에서 변화는 진행되고 있다. 기업의 업무 환경에서, 가정의 여가 생활에서, 출퇴근길에서 이미 우리가 알고 있던 과거와는 다른 새로운 미래가 조금씩 우리 곁에 현실이 되고 있는 것이다.

이 책은 미국의 유명한 IT 정보 미디어 그룹인 IDG(International Data Group) 산하의 IT 뉴스 미디어인 CIO 사이트에 수년간 연재해온 칼럼 중에서 선별하고 다듬은 글로 구성했다. 우리가 일상에서 접하는 굵직한 IT 관련 이슈들과 우리 사회의 미래를 바꿀 수 있는 IT 기술들에 대해, 오랜 세월 IT 분야에 몸담고 있는 나의 경험과 지식을 바탕으로 정리한 글을 모은 것이다.

그렇다고 전문적인 IT 분야의 관련자를 위한 글은 아니다. 오히려 언론에서 IT와 관련된 재미있는 소식을 듣고 관심을 가지는 평범한 우리 모두가 함께 생각해보고 이야기 나눠볼 만한 이슈들을 다루고 있다. 스마트폰을 이용해 궁금한 정보를 검색하고, 유튜브를 보고, 페이스북에서 재미있는 글을 찾아 읽듯이 가볍게 읽고 생각해볼 만한 글이다. 출퇴근길의 지하철에서 잠시 짧은 틈을 내어 간간히 펼쳐볼 수 있는 이야기들로 엮었다.

비록 나의 개인적인 견해가 조금 과하게 포함되어 있을 수 있지만, 21세기를 함께 살아가며 같이 생각해보고 공유하고 싶은 이야기로 이해해주면 글쓴이로서 가장 보람을 느낄 수 있을 것 같다. 부디 이 책을 통해 우리 곁에서 늘 함께하는 IT 기술에 대해 조금이라도 더 생각해보고 함께 이야기 나누는 계기가 되길 바란다.

정철환

목차

1장

우리 사회에 부는 바람

2장

기업 조직에 부는 바람

3장

IT 산업에 부는 바람

4장 미래에 부는 바람

1장

우리 사회에 부는 바람

알아두면
쓸모 있는
IT 상식

빅데이터와 구글 그리고 SNS

지난 2016년 미국의 대통령 선거는 여론조사의 정확성에 대해 의문을 제기하게 만든 사건이었다. 여론조사 결과에서 대통령 당선 가능성이 더 높았던 후보는 힐러리 클린턴이었기 때문이다. 하지만 대통령으로 도널드 트럼프가 당선되었고, 몇몇 언론에서는 뒤늦게 선거 전 빅데이터 분석에서 이미 트럼프가 대통령에 당선될 것임을 예측할 수 있었다고 주장했다.

이 외에도 제한적인 여론조사보다 빅데이터의 분석이 더 신뢰할 만하다는 사례가 여러 곳에서 드러났다. 그래서 미래의 중요한 직업 중 하나로 데이터 과학자를 거론하기도 한다.

구글 검색 빅데이터는 이미 트럼프가 대통령에 당선될 것을 알고 있었다

『모두 거짓말을 한다』의 저자 세스 스티븐스 다비도위츠는 자신이 구글의 데이터 분석가로 있을 때의 한 사례를 소개했다. 도널드 트럼프가 여론조사 결과와는 달리 대통령에 당선된 것과 관련해, 이미 4년 전 거의 정확하게 트럼프 후보의 지지 지역을 맞힌 것이다. 당시 저자는 오바마 대통령의 당선으로 미국 내에서 인종차별이 더 이상 문제가 되지 않을 것이라는 일반적인 생각과 달리 실제로 보이지 않는 곳에서 여전히 인종차별이 존재한다는 것을 입증하고자 했다. 그러기 위해 구글의 특정 검색어 빈도수와 지역 간의 관계에 대해 조사하면서 흑인 비하 발언 검색어 빈도수와 지역 관계를 분석했다. 그런데 이 분석 결과가 4년 후 대선에서의 트럼트 지지 지역 분포와 거의 유사함을 알 수 있었다. 이 지역 중 상당수는 사전 여론조사에서 힐러리가 앞서는 곳으로 분석된 곳들이었다.

그렇다면 여론조사는 빅데이터보다 정확하지 않은 것일까? 결론은 '항상 그렇지는 않다.' 어떤 여론조사는 사람들의 생각을 대체로 정확히 반영하는 반면 어떤 여론조사는 그렇지 않다. 그렇다면 어떤 여론조사가 빅데이터 분석 결과와 많은 차이를 보일까? 그것은 대체로 사람들이 공개적으로 이야기하기 꺼려하는 분야거나 자신의 이미지와 관련이 있는 분야라는 것이 저자의 주장이다. 예를 들어 동성애나 성적 이슈와 관련된 것은 여론조사 방식으로는 정확한 실체를 파악할 수 없다. 그 이유는 조금만 생각해봐도 충분히 이해할 수 있을 것이다. 그렇다면 빅데이터 분석의 핵심 영역으로 생각되고 있는 SNS 분야는 어떨까? 책에서 저자는 SNS의 대표적인 서비스인 페이스북을 예로 들어 이야기하고 있다.

한때 유튜브에서 가장 높은 조회수를 기록한 동영상은 약 23억 회의 조회수를 가진 싸이의 〈강남스타일〉이었다. 다른 측면에서 가장 높은 조회수를 기록한 포르노 동영상의 경우에는 조회수가 8천만 회였다. 두 동영상 간의 유튜브 조회수의 비율은 약 30:1인 셈이다. 이 두 동영상이 페이스북에서 언급된 사례를 분석해보았다. 〈강남스타일〉이 페이스북에서 언급된 횟수를 감안하면 포르노 동영상에 대해서도 많은 수의 언급이 있어야 하나 겨우 수십 건에 불과했다고 한다.

또 다른 사례로 문예잡지인 〈애틀랜틱 먼슬리〉와 가십 위주의 잡지인 〈내셔널 인콰이어러〉의 발행부수가 거의 유사하지만, 페이스북에서는 〈애틀랜틱 먼슬리〉의 '좋아요' 선택 비율이 무려 27배나 높았다고 한다. 페이스북에서의 선호도가 실제 시장에서의 판매와 전혀 다른 결과임을 보여준다. 저자는 다음과 같은 표를 예로 들며 빅데이

진실을 보여주는 빅데이터 vs. 거짓일 수도 있는 빅데이터

진실을 보여주는 빅데이터	거짓일 수도 있는 빅데이터
검색어 조회수 클릭수 구매내역	SNS 담벼락 SNS 좋아요 개인 소개 프로필

터가 보여주는 결과에 대해 진실과 거짓 사례를 소개하고 있다.

동영상 서비스인 넷플릭스도 초창기 가입자들에게 보고 싶은 영상 타이틀을 신청할 수 있게 했는데 여기에 신청된 영상물의 상당수는 다큐멘터리나 교양물이었다. 그래서 관련 영상 콘텐츠를 서비스했으나 정작 실제로 구매한 경우는 드문 것으로 분석되었다. 이후 넷플릭스는 소비자의 선호도 분석에서 직접 묻는 방식을 배제하고 순수하게 클릭과 조회, 검색에 의존하기로 했다.

이 책에서는 그 외에도 다양한 사례를 소개하는데, 구글의 검색어 분석 결과와 사회과학적인 분석 결과를 비교하면서 사람들의 진실한 생각은 결국 구글의 검색어 분석 결과에 더 가깝다는 이야기를 전하고 있다. 왜 그럴까? 구글의 검색은 익명으로 이루어지고 개인적이며 무엇보다도 솔직하게 입력해야 자신이 원하는 것을 찾을 수 있기 때문이다.

검색 빅데이터와 달리 SNS의 빅데이터는 솔직하지 못한 경우도 있다

많은 기업에서 빅데이터 분석을 통해 중요한 결정을 내릴 수 있다고 생각한다. 그리고 페이스북 같은 SNS의 데이터가 중요한 대상으로 인식되고 있다. 하지만 페이스북이 솔직하지 않은 생각과 가식으로 넘쳐난다면 그 분석에 의존한 결과는 실제 시장이 원하는 방향과 다를 수 있다. 최근 페이스북이 광고로 넘쳐나는 것도 문제 중 하나다. 결국 페이스북도 매스미디어와 같은 길을 걷고 있는 게 아닌가 하는 생각이 든다. 어쩌면 빅데이터 분석 대상의 핵심으로 여겨졌던 SNS에 대해 다시 생각해봐야 하지 않을까? '구글 신은 모든 것을 알고 있다.'라는 말이 떠오른다.

암호화폐 열풍과 닷컴 버블

2017년의 주요 IT 뉴스를 꼽는다면 반드시 포함될 주제가 아마도 암호화폐 투자(또는 투기) 열풍일 것이다. 2009년 1월에 탄생한 비트코인을 중심으로 여러 암호화폐가 등장한 이후 남녀노소를 불문하고 거대한 투자 열풍으로 이어진 암호화폐 가치 폭등은 수많은 이야깃거리를 남긴 채 2018년까지 이어졌다.

암호화폐의 가치 폭등이 지속될지, 아니면 많은 사람들의 우려처럼 폭락으로 이어져 투자자들이 큰 손실을 떠안게 될지 알 수 없었다. 이미 비트코인에 대해 우려되는 수준 이상의 가치 폭등이 한참 전에 경고되었는데도 지속적으로 상승한 만큼, 언제까지 상승세를 이어갈지 누구도 섣불리 단정하기 어려운 상황이었다. 그런데 나는 당시 암호화폐 열풍을 보면서 낯설지 않게 느껴졌다. 1990년대 중반부터 2000년대 초반까지 이어졌던 닷컴 버블이 떠올랐기 때문이다.

인터넷 닷컴 열풍의 원조는 넷스케이프였다

1994년 소프트웨어 기술자 마크 앤드리슨은 넷스케이프라는 회사를 설립했다. 이미 과학자와 기술자 사이에 다양한 방법으로 활용되고 있던 인터넷에 '월드와이드웹(WWW; World Wide Web)'이라는 새로운 기술이 개발되어 기존의 불편한 사용 방식과는 전혀 다른 혁신적인 방법으로 정보를 공유할 수 있게 되었다. 넷스케이프는 이를 위한 웹 브라우저 소프트웨어를 개발했던 회사로, 아마 지금 젊은 세대의 경우 전혀 사용해본 적이 없을 것이다.

그렇게 등장한 웹과 인터넷은 그 후 웹사이트라는 새로운 분야를 탄생시켰으며 웹사이트의 주소를 의미하는 URL은 전 세계 사람들에게 웹사이트를 대표하는 상징적인 요소가 되었다. URL 주소에서 기업 사이트를 의미하는 닷컴(.com) 도메인은 미래 비즈니스의 상징이 되었다. 그래서 인지하기 쉬운 특정 도메인을 선점한 사람들이 고가에 도메인을 판매해 화제가 되기도 했다.

넷스케이프는 창립 16개월 만인 1995년 8월에 주식 상장을 추진했다. 주당 28달러로 상장된 주식은 당일 75달러까지 치솟았으며 그해 말 주당 80달러가 넘는 폭등을 기록하기에 이르렀다. 이를 시작으로 수많은 인터넷 닷컴 기업들이 탄생하게 되었으며, 미국의 기술주 시장인 나스닥지수는 1995년 1,000이었던 것이 2000년 초반에는 5,000을 넘는 수준으로 폭등했다. 수많은 닷컴 기업들이 매출이나 이익이 전혀 없거나 미비한 상황에서도 미래의 가능성을 제시하는 비즈니스 모델만으로 상장 후 주가가 폭등하는 사례가 반복되었다. 닷컴 기업의 주식에 투자하는 것이 곧 돈을 몇 배로 벌 수 있는 길이라는 인식이 일반인들 사이에 퍼지면서 닷컴 기업의 주식 투자 열풍이 불었기 때문이다.

이런 현상은 국내도 예외는 아니어서, 미국보다 조금 늦은 시기에 불어닥친 닷컴 버블로 수많은 기업들이 화제를 낳았다. 1997년 설립되어 상장 후 16일 연속 상한가를 기록하며 한 달 만에 60배가 넘는 주가로 치솟은 골드뱅크, 1999년 코스닥에 상장되어 6개월간 150배 가량이 폭등한 새롬기술 등 지금은 역사 속으로 사라져버린 수많은 닷컴 기업들이 등장한 시기였다.

닷컴 버블기와 암호화폐 버블기,
무척 많이 닮아 있다

그렇다면 과거의 닷컴 버블과 2018년 초 암호화폐 열풍은 서로 어떻게 닮아 있을까? 우선 미래 가치에 대한 기대감이 버블을 만들어냈다. 닷컴 기업의 가치 폭등 이면에는 모든 기업이나 사업이 미래에는 인터넷을 기반으로 이루어질 것이며 이를 위한 선점이 매우 중요하다는 믿음이 있었다. 암호화폐 역시 미래에 주요 거래수단으로 사용될 기술이라고 믿었다는 점에서 유사하다.

두 번째로 엄청난 투자 수익을 거두었다는 사람들의 일화가 화제가 되었다는 점이다. 닷컴 버블 시절 평범한 회사원이었던 사람이 친구의 기업에 마지못해 투자했다가, 그 기업이 상장되면서 수십억 원의 수익을 올렸다는 등의 이야기가 나오기도 했다. 암호화폐 역시 언론 기사나 풍문으로 유사한 이야기가 떠돌았다.

세 번째로 보수적인 전문가의 평가를 비웃는 사례가 지속적으로 등장했다는 것이다. 닷컴 버블 초창기 관련 기업의 주가 폭등에 대해 수익성이 검증되지 않은 버블이라는 전문가의 주장이 있었으나, 많은 기업들이 몇 년간 지속적으로 주가 폭등의 사례를 보여주었다. 다음에 나올 그래프는 넷스케이프가 설립된 1994년부터 2005년까지의 미국 나스닥지수를 표시한 것이다. 이를 보면 버블이 붕괴되기 직전인 2000년에 오히려 지수가 폭등한다. 암호화폐 역시 2018년 초부터 버블에 대한 논란이 지속되었으나 상승세를 유지했다는 점에서 닷컴 버블 붕괴 이전의 모습과 유사하다.

네 번째는 한 닷컴 기업의 성공으로 여러 유사한 기업들이 탄생하고 열풍에 힘입어 근거 없는 주가 상승의 혜택을 보았다는 점이다. 암호화폐의 원조인 비트코인의 성공으로 인한 다양한 유사 암호화폐의 등장과 이들 화폐에 대한 투자 열풍이 그와 비슷하다.

나스닥지수 추이(1994~2005년)

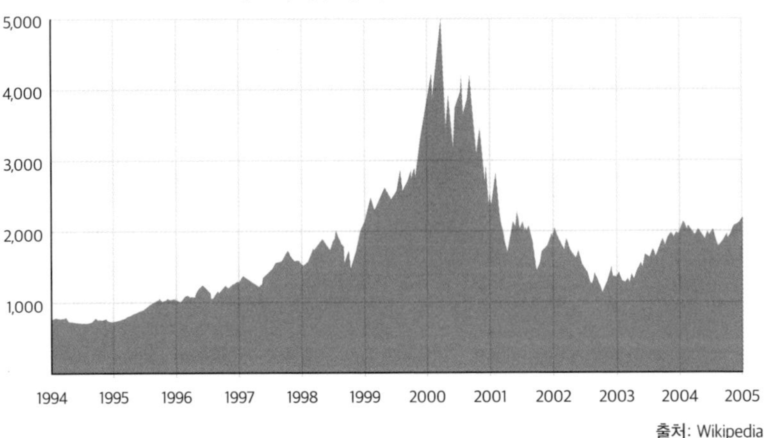

출처: Wikipedia

마지막으로 투자자의 유형이 닮았다. 원래 닷컴 기업은 IT 전문 영역의 비즈니스 모델이었고 관련 기술 분야에 관심이 있는 사람들의 대상이었다. 그런데 투자 성공 사례, 소위 대박을 친 사례가 언론을 통해 널리 알려지면서 '묻지마 투자'가 이어졌다는 점에서 2018년에 불었던 암호화폐 열풍과 유사하다.

그렇다면 이제 이런 질문을 해볼 수 있다. '닷컴 버블은 과연 허상이었는가?' 닷컴 버블이 진정한 버블이었는지에 대해서도 논란이 있다. 아마존이나 네이버, 다음 등 닷컴 버블기에 탄생한 기업들 중 살아남아 미래를 선도하는 기업들이 있기 때문이다. 그 이후 페이스북, 구글 등 세계적인 인터넷 기업들 또한 닷컴 버블의 유산에서 탄생했고 이를 기반으로 성장했다. 닷컴 기업과 암호화폐 열풍은 명백한 부작용이 있었던 건 사실이지만 신기술에 대한 관심을 높이고 기술 발전에 영향을 주었다는 점은 부인할 수 없을 것이다.

비관론자들이 대체로 옳지만 세상을 바꾸는 것은 낙관론자들이다

암호화폐의 미래에 대해서는 나도 확실히 알 수 없다. 암호화폐와 디지털화폐는 다른 개념이며 블록체인 기술의 미래가 곧 암호화폐의 미래도 아니다. 그러나 암호화폐가 미래의 핵심 거래수단으로 정착하려면 지금 불고 있는 열풍은 어떤 형태로든 거품이 꺼지는 과정을 거칠 것이라고 생각한다. 실제로 이미 이전과 비교해 큰 폭으로 암호화폐의 가치가 하락한 상황이다. 하지만 닷컴 버블 시절, 가능성 하나만으로 세상에 도전했던 수많은 IT 전문가들을 생각하며 미국 칼럼니스트인 토머스 프리드먼의 말로 이 글을 마치고자 한다.

"비관론자들이 대체로 옳다. 그러나 세상을 바꾸는 것은 낙관론자들이다."

✔ **URL(Uniform Resource Locator):** 네트워크상에서 자원의 위치를 알려주기 위한 표현 규약이다. 즉 컴퓨터 네트워크와 검색 메커니즘에서의 위치를 지정하는 웹 리소스에 대한 참조를 말한다. 보통 URL은 웹사이트 주소로 알려져 있지만, 그뿐만 아니라 컴퓨터 네트워크상의 자원을 모두 나타낼 수 있다. 파일, 웹, 온라인 접속 등 다양한 자원의 위치에 대한 표현이 가능하다. 파일 송수신을 위한 FTP의 경우 FTP 클라이언트를 이용해야 하고, 문서를 전송하기 위한 HTTP의 경우에는 웹 브라우저를 이용해야 한다. 텔넷의 경우에는 텔넷 프로그램을 이용해 접속한다.

승차공유는 혁신인가, 생존권 침해인가?

최근 승차공유사업 추진을 두고 직접적인 영향을 받는 택시업계는 물론 여러 분야에서 다양한 의견이 나오고 있다. 특히 택시업계는 이번 이슈를 생존이 걸린 문제로 인식하고 대응하는 듯하다. 한편 세계적인 승차공유 업체인 우버의 창업자가 국내에서 주방공유라는 새로운 사업을 시작할 것이라는 소식도 있다.

에어비앤비로 유명한 숙박공유사업은 2017년 매출액 26억 달러, 이익은 9,300만 달러에 달할 만큼 성장했고, 우버의 경우 비록 2017년에 영업손실을 기록하긴 했으나 매출액은 37억 달러로 크게 늘었다고 한다. 승차공유는 이미 중국을 비롯해 전 세계적으로 많은 나라에서 운영되고 있는 사업이기도 하다.

공유경제 서비스

	우버(uber), 리프트(Lyft), 브리즈(breeze), 윙즈(wingz), 저스트파크(JustPark)
	에어비앤비(airbnb), 홈어웨이(HomeAway), 위워크(wework)
	아마존 미케니컬 터크(Amazon Mechanical Turk), 태스크래빗(TaskRabbit), 프리랜서(freelancer)
	이베이(ebay), 크레이그리스트(craigslist), 엣시(Etsy)

출처: Future Lab

승차공유가 기존 택시업계 입장에서는 위협이라고 생각하지만 진짜 위협은 따로 있다

이런 상황에서 IT 대기업 카카오의 승차공유사업 진출을 놓고 바라보는 시각은 크게 두 가지로 나뉜다. 한쪽은 앞서 이야기한 것과 같이 공유경제는 세계적인 추세이며 이런 혁신의 물결에 대한민국도 더 이상 뒤처져서는 안 된다는 주장이다. 따라서 일부 반발이 있더라도 정부가 추진해야 한다고 강조한다.

다른 한쪽은 기존 택시업계의 반발로, 이미 다양한 비용을 지불하고 택시를 운영하고 있는 입장에서는 생존권이 위협받는다는 주장이다. 승차공유가 누구나 할 수 있는 사업으로 합법화되면 택시 승객의 수가 감소할 것은 불 보듯 뻔하기 때문이다.

어떤 이는 이런 두 진영의 주장은 결코 합의점을 찾을 수 없을 것이라고 한다. 택시업계의 입장에서는 어떻게 합의를 하든 얻는 것은 하나도 없고 크든 작든 잃을 것만 있다는 것이다. 곰곰이 생각해보면 수긍이 가는 말이다.

오래전으로 거슬러 올라가보자. 인터넷이 보급되면서 초창기부터 형성되기 시작한 비즈니스 모델은 인터넷 쇼핑몰이었다. 1990년대 말 닷컴 버블 시기에 수없이 많은 인터넷 쇼핑몰이 탄생했다. 그런데 그 당시 인터넷 쇼핑몰에 대해 소매 자영업자들의 반발이 있었던가? 지금 온라인 쇼핑몰은 소매 자영업자들에게 지대한 영향을 주고 있으며 향후 그 영향력은 더 커질 것이다. 인터넷과 모바일, 그리고 소셜 네트워크의 발전에 따라 영향을 받고 있는 기존 사업 분야는 비단 유통뿐만이 아니다. 언론·미디어, 식음료업, 서비스업, 숙박업 등 다양한 사업 분야로 인터넷 기술의 영향력이 확대되며 비즈니스 모델이 새롭게 변화하고 있다.

좀 더 거슬러 올라가보면 IT와 자동화의 발전으로 직장을 잃거나 사업 분야가 없어진 경우도 여럿이다. 그런 경우를 살펴보면, 분명 생존권을 위협받았다고 해도 과언이 아니다. 동네마다 그렇게 많았던 비디오 대여점, 사진관 등의 쇠락은 대표적인 사례다. 자율주행차가 곧 현실이 될 상황에 승차공유사업을 막는다고 택시업계의 미래가 보장되겠는가? 더 정확히 말하면 택시기사의 미래가 보장되겠는가? 아마 자동차의 자율주행 기술이 현실화되는 순간 가장 먼저 택시회사가 택시기사를 줄이려 할 것이다. 조금 엉뚱한 이야기인지는 모르겠지만 예전에는 버스마다 요금을 받고 출발 신호를 보내는 안내양이 있었다. 그런데 자동 요금 수납기를 도입하면서 안내양은 점차 해고되었다. 그때 생존권 침해라며 극렬한 시위가 있었던가? 버스회사 입장에서는 손해가 나지 않았기 때문에 그런 반대는 일어나지 않았다. 지금 수많은 택시기사가 길거리에서 생존권을 놓고 시위를 하지만 정작 그들의 미래에 위협이 되는 대상은 승차공유사업이 아닐 수 있다.

공유경제는 모두에게 이익을 주기보다 양극화를 초래할 가능성이 높다

공유경제는 과연 혁신인가를 생각해볼 필요가 있다. 앞서 언급했던 온라인 쇼핑몰의 사례를 들어보자. 유통사업이라는 것은 전통적으로 총판과 도매, 소매의 단계를 거치며 소비자 근처까지 물건을 가져다 놓고 파는 것이다. 이 생태계를 통해 수많은 사람들이 생계를 이어왔다. 그런데 온라인 쇼핑몰이 주류가 된 지금은 어떤가? 수많은 온라인 쇼핑몰이 있지만 손에 꼽을 만한 몇몇 대형 온라인 쇼핑몰이 시장을 주도하고 있다. 대형 온라인 쇼핑몰이 유통과정 전반을 도맡아 처리하며 독식하는 형태다. 한발 더 나아가 이젠 알리익스프레스와 아마존, 이베이 등과 같이 글로벌 온라인 쇼핑몰이 국내의 소비자들에게 본격적인 판매를 실시하고 있다. 온라인 쇼핑몰 시장 구조가 다수의 작은 사업체에서 극소수의 거대 사업체로 변신한 것이다.

대기업의 골목상권 침해를 심각한 사회문제로 보고 있지만 정작 IT 혁신이라고 하는 사례들은 거의 대부분 기존의 다양한 사업자 참여 생태계에서 소수의 거대 사업자 중심 생태계로 이동하는 결과를 보여주었다. 에어비앤비도 시작은 작은 아이디어 사업체였으나 현재는 세계 최대의 숙박업체이며 우버 역시 마찬가지다. 아마 국내에서 승차공유사업이 합법화된다면 한두 개의 대기업이 전체 시장을 좌우하는 형태가 될 것이다.

나는 공유경제를 금지해야 한다고 생각하진 않지만 모두가 혜택을 누리는 혁신적 미래를 가져다주는 것도 아니라고 생각한다. 자본과 기술의 집중을 통한 효율성과 수익성의 극대화, 이것이 거대 IT 기업이 추진하는 공유경제의 본모습이다. 그리고 공유경제는 승차공유와 같이 극렬한 반대가 있는 분야든 온라인 쇼핑몰과 같이 파급효과를 인지하지 못해 반대가 없었던 분야든 궁극적으로 미래 사업의 중심에 자리 잡을 것이다.

지구 환경의 변화에 따라 수많은 생명체의 진화와 멸종, 새로운 종의 탄생도 이어졌듯이 사업 분야 역시 사회와 기술의 변화에 따라 바뀌며 진화할 것이다. 변화에 적응하는 사업은 번성할 것이며 그러지 못하는 사업 분야는 쇠락할 것이다. 규제와 법령으로 시기를 조절할 수 있을지 몰라도 그 변화를 막을 수는 없다고 생각한다. 이러한 변화는 혁신도 무자비한 생존권 침해도 아닌 생태계의 변화다.

✅ **공유경제:** 인터넷과 모바일 기술의 발전을 기반으로 인터넷상에서 다양한 소비재 및 자원의 정보를 공유해 여러 사람이 함께 사용하는 것이다. 비용을 함께 나누어 지불함으로써 기존 서비스 및 개인 구매 시보다 경제적으로 이익을 함께 누릴 수 있도록 해주는 새로운 소비 체계다. 대표적인 분야로 자동차, 숙박시설, 책, 다양한 고가의 장비 등이 있다. 하지만 실제로는 개인 간 공유보다는 플랫폼을 가진 거대 기업이 등장해 공유경제를 장악하게 되었다. 그로 인해 오히려 기존의 다양한 중소 서비스 업체를 도태시키고 양극화와 일자리 감소라는 부정적인 효과를 가져왔다. 요즘 인기를 얻고 있는 넷플릭스 서비스의 경우 하나의 계정을 여러 사람이 공유하고 비용을 분담해 지불하는 것도 공유경제 모델이라고 할 수 있다.

한글 워드와 오픈도큐먼트

2018년 2월, 청와대 청원 게시판에 "공공기관의 한글(HWP) 독점을 금지시켜주세요."라는 청원이 올라와 언론에 기사화된 적이 있다. 이와 관련해서는 이미 2017년에 "정부, 공문서에 HWP 대신 ODT 쓴다."라는 제목의 기사가 나왔다.

한때 대한민국 소프트웨어 제품의 자존심으로 여겨졌던 한글 워드(아래아한글)는 지금은 한컴오피스라 불리며 공공기관의 표준 워드프로세서로 자리 잡았다. 하지만 이제 사람들이 한컴오피스를 바라보는 시선은 1990년대의 시선과는 많이 달라졌다. 한글 워드는 표준화와 호환성 측면에서 걸림돌이 되고 있으며, 공공기관에 지나치게 의존하는 것이 이 문제를 더욱 심화시켰다.

아래아한글은 한때 대한민국 소프트웨어 산업의 자존심이었다

1990년 소수의 개발자들이 한글 워드를 발표한 이후 지금까지 HWP 확장자는 대한민국의 한글 문서 파일을 의미하는 고유의 상징이 되어왔다. 한글 워드는 전 세계 워드프로세서 시장을 석권하고 있는 마이크로소프트(MS) 워드를 막아내고 국내 공공기관 워드프로세서 시장을 지키고 있는 가장 대표적인 국산 소프트웨어 제품이다.

1998년 한때 경영 악화로 마이크로소프트의 매각설이 나돌 때 한글지키기운동본부까지 만들어지며 국민적인 성원을 받았다. 그러나 오늘날에는 청원이 올라올 만큼 한글 워드가 긍정적인 이미지만 가

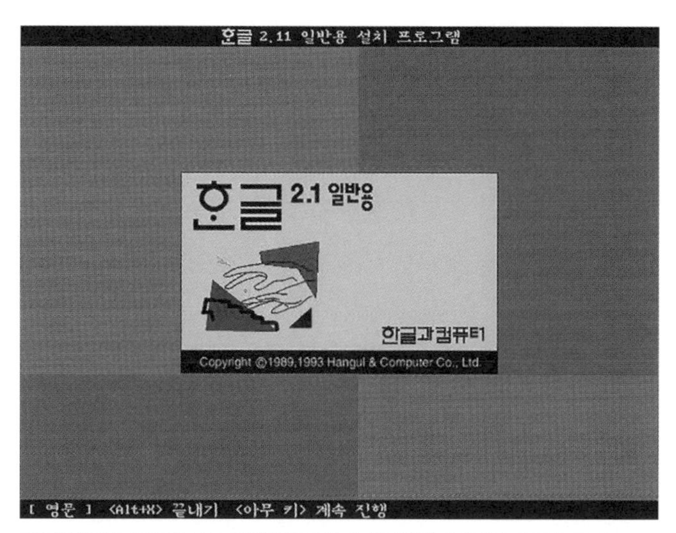

1993년 출시된 한글 2.1: HWP 형식의 한글 워드는 한국에서 가장 많이 사용되는 문서 프로그램이다.

지고 있지는 않다.

그동안 한글 워드를 개발한 한글과컴퓨터는 2000년 메디슨 설립자인 고 이민화 회장에게 인수된 이후 2010년까지 여덟 번이나 주인이 바뀌는 시련을 겪었다. 그 과정에서 외국계 소프트웨어 기업들처럼 국내 기업에 무작위적 불법소프트웨어 단속 공문을 이용한 영업을 해 비난을 받기도 했다. 또한 치열한 소프트웨어 시장에서의 경쟁력 향상을 포기하고 공공기관에만 전적으로 의존하는 생존 방식으로 MS오피스의 발전을 따라가지 못해, 민간기업에서는 오로지 공공기관 관련 업무용으로만 구입해 일부 사용자만 사용하고 있다.

더구나 공공기관에서도 한컴오피스의 한글 워드만 문서 작성용으로 사용하고 스프레드시트나 프레젠테이션 작성은 MS엑셀과 MS파워포인트를 사용하고 있는 이중적 오피스 소프트웨어 체계를 가지고 있다. 국내 소프트웨어의 시장 수호 측면에서도 반쪽짜리인 셈이다. 그리고 국가의 문서 정보가 수시로 매각되는 중소기업의 소프트웨어 제품에 종속적인 점 역시 결코 바람직하지 않다.

그렇다면 이제는 공공기관에서 한글 워드 독점 상황을 바꿔야 하는 것일까? 이 문제는 문서와 소프트웨어 형식이라는 두 가지 관점으로 분리해 생각해봐야 한다. 우선 문서 형식이라는 관점에서 HWP 형식의 문서는 한컴오피스 고유 형식으로 글로벌 표준에 부합하지도 않을뿐더러, 세계 대부분의 국가에서 사용되는 MS워드와도 호환이 되지 않는다. 따라서 공공기관의 전자문서 호환성 확보 및 향후 정보 가용성을 고려하면 HWP 형식의 사용은 지양되어야 하며 표준문서 형식으로의 전환은 반드시 필요하다. 따라서 이미 발표된 바와 같이 ODT 형식을 공문서에 적용한다는 방향에는 전적으로 동의한다.

그렇다면 소프트웨어 측면에서 보면 어떤가? 수십 년간 공공기관에 근무해온 공무원들은 한글 워드에 익숙해져 있다. 또한 한글 워드는 공공기관의 문서양식에 특화된 기능을 꾸준히 개발해 (어차피 유일한 고객이자 시장이기에 여기에 전적으로 매달릴 수밖에 없었겠지만) MS워드가 따라올 수 없는 기능을 보유하고 있다는 평가를 받는다.

사용자가 익숙해져 있는 소프트웨어를 바꾸는 것은 매우 어려운 일이다. 일례로 MS오피스가 2003에서 2007로 바뀌면서 리본 인터페이스를 추가했는데 사용자들이 기존 2003에 익숙한 상황이라 많은 혼란이 일었다. 그래서 MS에서는 별도로 애니메이션 설명 방법을 이용한 2003-2007 기능 비교 매뉴얼을 제작해 배포했다. 일부 인터페이스만 바뀌어도 이 정도인데, 한글 워드에 익숙한 사용자에게, 그것도 100만 명이 넘는 사용자에게 전혀 다른 소프트웨어를 사용하게 하는 것은 만만한 일이 아니다.

더구나 ODT를 지원하는 리브레오피스나 오픈오피스의 경우 오픈소스이므로 긍정적인 측면이 많으나 아직까지 MS워드나 한글 워드에 비해 기능이나 안정성 면에서 열세다. 또한 앞서 이야기한 것처럼 이미 공공기관에서는 스프레드시트나 프레젠테이션을 위해 MS오피스를 구매하고 있다. 즉 MS워드는 사용하지 않지만 라이선스는 가지고 있는 셈이다.

사용자가 소프트웨어를 선택하되 문서는 오픈 표준이어야 한다

지금까지 이야기한 내용을 바탕으로 보면, 향후 공공기관의 문서는 오픈도큐먼트 ODT 형식을 표준으로 채택하되 소프트웨어의 사용은 사용자가 익숙한 소프트웨어를 선택하는 방향으로 추진되는 것이 바람직하다. 특히 대외기관과 공유되거나 접수되는 문서부터 우선 오픈도큐먼트 형식으로 전환해야 한다. 민간기업에서 공공기관 대응만을 목적으로 한글 워드를 구입하는 일은 더 이상 없었으면 한다.

그리고 한글과컴퓨터는 향후 HWP 형식이 아닌 ODT 형식의 문서 저장을 기본으로 하도록 소프트웨어를 발전시켜야 한다. 그래야 사용자의 혼란을 최소화하면서 국산 소프트웨어 시장도 지키고 공공기관의 문서 표준 준수에 따른 활용성 향상도 가능해진다. 더 나아가 공공기관에서는 ODT 형식을 지원하는 다양한 소프트웨어를 사용함으로써 소프트웨어 벤더 종속성을 탈피할 수도 있다.

공공기관 웹사이트에서 모두가 바라던 액티브엑스(ActiveX)의 퇴출이 선언된 것처럼, 공공기관 문서의 HWP 형식 종속의 탈피 역시 장기적으로 반드시 추진해야 할 과제라고 생각한다.

HWP, 그동안 수고했다.

✅ **ODT(Open Document Text):** ODF(Open Document Format) 형식 중 텍스트 문서의 저장 포맷. ODF는 문서 편집을 위한 개방형문서 형식 또는 사무용 전자 문서를 위한 파일 형식이다. 오픈오피스에서 만들고 구현한 XML을 기반으로, 표준화 기구인 OASIS(Organization for the Advancement of Structured Information Standards)에서 개발되었다. 오픈도큐먼트 표준은 개방형 표준의 정의에 부합하며, 누구나 자유롭게 표준을 열람하고 구현할 수 있다. 오픈소스 기반의 오피스 프로그램인 오픈오피스, 리브레오피스는 물론 상용 프로그램인 MS오피스나 한글오피스도 지원하고 있는 형식이다.

IT 기술의 발전이 가져온 몰락

수년 전 미국의 시장조사기관인 IDC에 따르면 그 해 국내 IT 시장이 -3.5% 마이너스 성장했다고 한다. 동시에 이후 수년간의 성장률도 대체로 비슷한 마이너스 성장세를 기록할 것이라 예상한 바 있다. 1990년대 이후 급속히 성장하던 IT 분야는 2000년대 중반 무렵 성장세가 꺾였다. 그러다 스마트폰 돌풍으로 2010년 이후 다시 큰 성장을 했으나 이제는 주춤거리고 있는 것이다. 대표적인 성장 산업인 IT 시장 자체도 성장세가 주춤거리고 있는 가운데 IT가 과연 다른 산업의 성장에는 어떤 영향을 미쳤을지, 그리고 그 결과는 어떨지를 생각해보았다.

20세기 초 산업혁명은 수많은 일자리와 새로운 산업을 만들었다

1990년대 중반부터 2000년대 초반까지 인터넷을 기반으로 한 월드와이드웹(WWW)의 등장과 닷컴 기업의 폭발적인 성장, 그리고 디지털·네트워크 기술이 급속한 발전을 하던 당시 많은 사람들이 소위 신경제(new economy)에 대해 이야기했다. 기존의 굴뚝산업은 퇴조하고 네트워크 기반의 신경제가 향후 주도권을 잡을 것이며, 이는 20세기 초반 철도산업의 발전과 같은 의미를 가진다고 이야기하던 시절이었다.

20세기 초반의 철도산업은 철강, 통신, 물류의 획기적인 발전을 가져왔으며, 광활한 지역에 수많은 도시들을 탄생시켰고, 새로운 산업과 직업을 창조했다. 이를 기반으로 경제의 대규모 성장이 가능했으며 존 록펠러(미국의 석유사업가), 앤드루 카네기(미국의 산업자본가), 리처드 시어스(미국 종합유통업체 시어스로벅의 창업주로, 현재는 아마존 등 온라인 쇼핑몰에 밀려 파산함)와 같은 거대 부호가 등장하는 계기를 마련했다. 그리고 그 경제체제의 기본 구조는 21세기까지 이어지고 있다.

20세기 중반 자동차의 발전과 확산은 수많은 고속도로의 건설과 자동차 관련 기계, 전자산업 및 정유산업, 주유소, 정비소, 숙박업 등의 신규 시장과 일자리를 만들었다.

1990년대 닷컴 붐이 일 때만 해도 IT는 이러한 철도와 자동차에 이어 향후 경제성장을 이끌어갈 새로운 기술 분야로 거론되었다. 수많은 벤처기업들이 등장하고, 네트워크 기반의 새로운 사업 아이디어들이 창업으로 연결되었으며, 네트워크 장비와 서버 및 스토리지 등 기존 IT 하드웨어 산업도 덩달아 성장했다. 많은 젊은 엔지니어들이 IT 분야에 뛰어들었다.

이러한 IT 열풍이 시작된 지 아직 20년이 채 지나지 않은 시점에서 오늘의 상황을 보면, 과연 IT가 철도와 자동차에 비교할 수 있는 경제적인 성장을 가져왔는지 의문이 들지 않을 수 없다. 더구나 최근 모바일의 폭발적인 성장과 그 이후 이어진 IT 산업의 성장 정체를 보면서 디지털, 네트워크 그리고 스마트폰이 가져다준 성장의 본질에 대한 질문을 던지게 된다.

디지털의 장점이 무엇인가? 원본과 동일한 내용을 무한 복제할 수 있으며 복제 비용은 거의 0원에 가깝다. 또한 네트워크를 통해 빛의 속도로 전달될 수 있다. 이러한 디지털의 주요 대상에는 음악, 영상, 소프트웨어, 도서 등 거의 모든 지적 창조물이 포함된다. 제조가 필요 없으며 네트워크를 기반으로 국경 없이 넘나드는 것이 IT 기반의 신경제를 이루는 근간인 디지털의 속성이다. 효율과 글로벌 경쟁력이 궁극의 가치인 셈이다.

사진 또한 디지털화되면서 필름이 필요 없게 되었다. 코닥이 이러한 시대적인 변화에 뒤처져 파산한 것은 유명한 이야기다. 이때 수많은 동네 현상소도 같이 사라졌다. 그런데 아이러니하게도 세계 최초로 디지털카메라 기술을 개발한 회사는 코닥이다. 코닥은 1975년

CCD 이미지 센서를 사용하는 디지털카메라 기술을 개발했고 1991년 세계 최초로 DSLR 카메라 제품을 출시했다.

음악의 디지털화는 CD의 등장으로 1980년대 초에 시작되었고, 용량이 작은 MP3 형식의 파일로 디지털화되면서 본격화되었는데, 이로 인해 음반회사들이 대부분 문을 닫았다. 덩달아 유통대리점과 동네의 음반 가게들도 사라졌다.

또한 영화가 디지털화되면서 동네 비디오 대여점도 사라졌다. 아울러 비디오 유통업도 사라졌다. 만화가 디지털화되면서 동네 만화책방이 사라졌다. 동네 책방도 사라졌지만 이건 디지털이 원인은 아닌 것 같다. 아직 국내 전자책 시장은 매우 작기 때문이다.

IT 기술의 발전은 디지털화와 융합, 효율화를 통해 소수 집중을 가져왔다

이런 구시대적인 영세 업종만 IT의 새로운 물결에 적응을 못해 사라지는 것이 아니다. 스마트폰이 등장하고 발전하면서 한때 디지털 기술의 총아였던 디지털카메라, 내비게이션, MP3 플레이어, 전자사전, 휴대용 게임기, 휴대용 PMP, 캠코더 등 다양한 제품을 생산하는 기업들에 치명적인 영향을 주었다. 이로 인해 많은 일자리들이 사라졌을 것이다. 스마트폰과 네트워크가 결합한 소셜 분야는 기존 웹 기반의 여러 서비스를 사라지게 할 태세다. (사실 소셜은 컴퓨터와 네트워크가 결합해 탄생한 것이지만 진정한 성장은 스마트폰의 등장 이후다.) 그리고 일부 극소수의 승자만이 전체 소셜 시장을 주도하고 있다.

스마트폰 역시 많은 경쟁자들이 도태되고 애플의 아이폰과 삼성 안드로이드 스마트폰이 주도하고 있는 형세다. 그럼에도 불구하고 글로벌 시장조사업체 카운터포인트리서치의 스마트폰 시장 전망 보고서에 따르면, 2018년 글로벌 스마트폰 시장이 사상 처음으로 마이너스 성장을 보였으며, 2019년에도 마이너스 성장세로 돌아설 것으로 예측되었다. 2012년부터 5년간 연평균 16%의 성장률을 기록했던 스마트폰 시장이 처음으로 역성장한다는 분석이다. 스마트폰 시장마저 정체되는 시점이다.

과거 철도와 자동차가 가져온 산업 파급효과와 신규 산업의 등장, 경제규모의 확대가 IT가 주도하는 신경제 체제에서는 잘 먹히지 않는 것은 아닐까? 소프트웨어는 초기 개발 시에 많은 비용이 들어가기도 하지만 복제와 유통에는 비용이 거의 들지 않는다. 그러다 보니 시장 점유율 1위가 아니면 경쟁력을 가지기 힘들다. 그래서 대부분의 소프트웨어 회사들이 인수합병되어 이제는 거대 소프트웨어 기업 몇 개로 축소·정리되었다. 제조기술 발전에 따라 하드웨어 제조업체들도 비슷한 사정이다. 나날이 용량·성능 대비 가격이 하락하니 1등 업체가 아니면 역시 살아남기 힘들기 때문이다.

결국 IT의 기술 발전에 따른 효율과 경쟁력 향상이 IT 시장과 연계 산업의 축소를 가져오고, 다시 그 여파가 IT에 종사하고 있는 관련자들에게 영향을 준다. 최근 화제인 클라우드 서비스는 궁극적으로 IT

산업 규모를 축소시키는 요인이 될 수 있다. 최소한 IT 관련 일자리에는 부정적인 영향을 줄 것이다. 또 가상화는 어떤가? 서버 시장의 축소와는 관련이 없을까? 이 모든 것들이 IT가 발전하면서 추구한 효율과 경쟁력의 결과이며 IT를 활용하는 기업의 비용 절감 및 효율화에 공헌한 결과다.

우리나라를 비롯해 전 세계적으로 양극화가 화두다. 그런데 사실 양극화라는 말은 IT 분야에서는 어울리지 않는다. IT 분야는 양극화에서 두 극의 크기가 어마어마하게 다르기 때문이다. 양극화보다는 승자독식을 의미하는 소수 집중이 더 어울린다. 이는 곧 최고의 경쟁력을 가진 승자만이 살아남을 수 있는 환경이라는 뜻으로, 효율과 경쟁력을 최고의 가치로 여기는 IT 분야에서는 이미 오래전부터 승자독식 현상이 진행되어왔다. 데이터베이스, 하드웨어, ERP/OA 소프트웨어 분야는 물론 소셜·모바일 분야에서도 소수 집중은 진행되고 있다. 그리고 IT가 발전함에 따라 여러 산업의 몰락이 진행되었고 현재도 진행 중이다. 어느 누구도 이러한 변화를 막을 수도 거스를 수도 없는 일이다. 하지만 이러한 IT 기술의 발전이 오히려 IT 시장의 성장 침체라는 부메랑으로 되돌아온 것은 아닐까? 앞으로 등장할 새로운 기술은 또 어떤 결과를 가져올까?

매뉴얼 없는 사회, IT는 예외인가?

2014년 대한민국의 봄은 잔인했다. 4월 16일은 대한민국의 모든 사람들이 두고두고 잊지 말아야 할 날짜가 되었다. 그리고 깊은 반성과 참회를 해야 한다.

세월호 참사를 두고 온갖 이야기들이 나왔다. 그런 이야기들 중에 이번 사고의 원인이 체계적인 재난 대응 매뉴얼의 부재가 만들어낸 비극이라는 주장도 있었다. 국가 중앙부처에서부터 현장 부서까지, 그리고 민간 해운회사도 마찬가지로 재난 발생 시 대처를 위한 매뉴얼이 없었고, 설령 있었다고 해도 체계적이지 않아 재난 대응에 전혀 도움이 되지 않았다는 것이다. 사고는 언제든지 일어날 수 있다. 아무리 철저한 예방 조치를 취한다고 해도 사고를 100% 막을 수는 없을

지도 모른다. 그러나 그런 만큼 더욱더 사고 발생에 대비한 매뉴얼이 중요할 것이다. 그렇다면 IT 분야의 사정은 어떨까?

IT 분야가 사회의 기본 인프라가 된 상황에 IT 시스템 위기 대응능력은 매우 중요하다

오늘날 기업은 물론 사회 기반시설, 금융, 미디어, 공공 분야를 불문하고 모든 영역에서 IT는 기본 인프라다. IT 인프라에 장애가 발생해 사회 전반에 적지 않은 영향을 준 사례가 그동안 여러 번 있었다. 이동통신 전화가 일정 시간 통화 불능이 되기도 하고, 다량의 개인정보가 유출되기도 했으며, 온라인 금융 서비스가 중단되기도 했다. 이런 일련의 사고 발생 시 IT 분야는 잘 준비된 매뉴얼에 따라 체계적인 대응을 했을까? 정보시스템 관련 사고는 사회적인 관심을 크게 끌 만한 인명 피해가 발생하지 않아서, 국민들이 부실한 대응을 모르고 있는 게 아닐까?

솔직히 고백하자면 나 역시 기업의 정보시스템 운영을 담당하고 있지만 발생 가능한 사고나 재해에 대한 체계적인 매뉴얼을 제대로 갖추고 있는가 돌아보면 부끄러운 생각이 든다. 물론 기술적으로 재해복구 시스템을 구축하고 있으며 정기적으로 재해복구 훈련을 실시하고 있다. 하지만 발생 가능한 다양한 사고에 대한 대응 매뉴얼이 체계적으로 갖춰져 있거나 이 모든 것들에 대해 정기적인 점검과 업데이트가 이루어지고 있는 것은 아니다.

그렇다면 왜 체계적인 매뉴얼 준비와 정기적인 점검이 잘 안 되는 것일까? 언젠가 이런 글을 읽은 적이 있다. 만약 9·11 테러가 나기 전에 누군가가 그런 테러의 위험성을 경고하고 항공기 보안 규정과 절차를 대폭 강화해야 한다고 했다면 과연 받아들여졌을까? 그리고 만약 이 주장이 받아들여져서 강화된 규정에 의해 항공기 운항이 이루어지고, 그 결과 테러가 사전에 예방되었다면 규정 강화를 추진한 주인공은 칭찬을 받았을까? 아니면 쓸데없이 불편하게 만들었다는 비난을 받았을까?

아마도 사고가 발생하지 않았기에 주인공은 공로를 인정받기 어려웠을 것이며 때로는 비난을 받기도 했을 것이다. 이런 점이 매뉴얼의 체계적인 작성 및 관리, 그리고 매뉴얼을 철저하게 따르는 업무 운영을 어렵게 만드는 이유라고 생각한다. 이처럼 매뉴얼 중심의 업무 수행은 말처럼 쉬운 일이 아니다. 또한 경영진의 이해와 지원이 반드시 필요하다.

하지만 이제는 더 이상 이런저런 핑계로 예전처럼 대충대충 할 수는 없다. 사회 모든 분야에 걸쳐 사고와 재난에 대비한 철저한 사전 준비와 대응이 필요하다. 그리고 사고의 발생을 100% 막을 수 없다면 사고에 대한 대응 매뉴얼이 최신의 상태로 관리되고 실전에서 사용될 수 있도록 해야 한다. IT 분야도 그래야 할 것이다. 그렇다면 IT 분야에서는 어떤 점들을 개선해야 할까?

위기 대응능력을 키우려면 IT 운영의 최우선이 비용 절감이어서는 안 된다

우선 IT 운영에서 비용 절감이 모든 것의 중심이 되어서는 안 된다. 물론 비용 절감과 운영 효율 제고는 중요한 문제다. 하지만 시스템 운영은 사람이 하는 것이므로 운영 인력의 사명감과 책임감이 중요하다. 그런데 최근 운영 인력의 구성을 보면 계약직 비중이 높은 편이다. 실제 이런 계약직 인력의 높은 비중은 때로 시스템 사고의 한 원인이 되기도 했다. 시스템 운영 시 매뉴얼을 각 예상 영역별로 체계적으로 작성하고 정해진 원칙에 따라 업무를 수행하기 위해 담당자는 추가로 많은 노력을 해야 한다. 그렇기에 운영 담당자의 책임감과 사명감이 중요하다. 그렇지 않을 경우 비록 매뉴얼과 프로세스를 체계적으로 갖추어도 이에 따른 운영을 지속하기 어렵다. 수시로 인력이 바뀌는 상황도 대응을 어렵게 하기는 마찬가지다. 운영 인력의 이런 문제점을 개선하자면 운영 비용이 상승할 수 있다. 그렇기 때문에 경영진의 이해와 지원이 필수적인 것이다.

그리고 운영 조직은 시스템 운영 및 개발 시 체계적인 문서화에 대한 훈련과 노력이 이루어져야 한다. 우리나라의 IT 문화, 특히 정보시스템 개발 문화에서 문서화는 매우 취약한 영역이다. SI(System Integration, 기업에 필요한 정보시스템을 기획·개발·설치·운영하는 종합 서비스) 프로젝트 수행 시 문서화 작업의 중요성에 대해 강조하지만 정작 제대로 지켜지는 경우는 드물다. 시스템 개발 시에도 이런데 시스템을 운영할 때 이루어지는 많은 변경 및 개선 작업들에 대한 문서화는 더 열악한 형편이다. 문서화가 제대로 되지 않으면 장애나 사고가 발생했을 때 원인을 찾아 즉시 대응하기가 어려워진다. 이 문제 역시 문서화를 위한 담당자의 노력과 함께 비용 절감이 관련되어 있다. 짧은 개발 기간과 과중한 업무 등의 문제가 함께 해결되어야 한다.

마지막으로 하인리히 법칙이 이야기해주듯 시스템 장애나 사고는 사실 예고 없이 일어나지 않는다. 따라서 시스템 운영 시 발생하는 이상 징후들을 체계적으로 기록하고 이를 종합적으로 모니터링하는 프로세스를 가지고 있어야 할 것이다. 그리고 이를 위한 표준 프로세스 및 매뉴얼 역시 준비해야 한다.

안전은 공짜로 얻어지는 게 아니다. 앞으로도 대한민국 사회의 모든 판단의 기준이 경제성과 비용 절감, 효율성의 향상으로 귀결된다면, 결코 매뉴얼과 원칙 준수를 기반으로 한 운영과 체계적인 사고 대응능력은 갖추기 어려울 것이다. 왜냐하면 앞서 언급한 가상의 사례에서와 같이 이러한 체계적인 대응과 관련된 일련의 대응 노력은 사고가 나지 않으면 모든 관련 투자가 헛된 비용으로 경영진에게 인지될 수 있기 때문이다.

하지만 참담한 참사를 겪고서도 비용 절감과 효율성만을 최고의 가치로 여기고 안전을 위한 비용의 지출을 꺼린다면 사고를 예방하기도 어려울 뿐만 아니라 또 다른 대형 사고가 발생했을 때 체계적인 대응이 되지 않아 우왕좌왕할 수밖에 없을 것이다. 이는 IT 시스템 운영 분야라고 예외일 수 없다.

✔ **하인리히 법칙:** 1931년 허버트 하인리히(Herbert William Heinrich)가 자신의 책에서 소개한 법칙이다. 업무 성격상 수많은 사고를 접했던 하인리히는 산업재해 사례 분석을 통해 대형사고가 발생하기 전에 그와 관련된 경미한 사고가 있었음을 발견했다. 산업재해가 발생해 사망자가 1명 나오면 그전에 같은 원인으로 발생한 경상자가 29명, 같은 원인으로 부상을 당할 뻔한 잠재적 부상자가 300명 있었다는 것이다. 그래서 1:29:300 법칙이라고도 부른다. 즉 큰 재해와 작은 재해, 그리고 사소한 사고의 발생 비율이 1:29:300이라는 것이다. 큰 사고는 우연히 또는 어느 순간 갑자기 발생하는 게 아니라 그 이전에 반드시 경미한 사고들이 반복되는 과정 속에서 발생한다는 것을 실증적으로 밝힌 것으로, 큰 재해는 사소한 것들을 방치할 때 발생한다는 것을 보여준다.

다시 IT 분야에 봄이 오는가?

세상의 변화가 참 빠르다. 변화가 빠르다는 것은 1990년대에도 늘 들었지만 요즘은 그 느낌이 남다르다.

얼마 전 한 글로벌 IT 리서치기관에서 주관한 행사에 참가했다. 강연에서 최근 IT 분야의 성공 사례 및 신규 서비스 사례를 발표하는데 거의 대부분이 중국의 사례였다. 한창 IT가 붐을 이루던 1990년대 말에는 소개되었던 사례가 모두 미국의 사례였던 것이 떠올랐다. 동시에 중국이 빠르게 발전하는 모습과 우리나라 IT 산업의 위상이 추락하는 현실에 대한 상념이 교차되면서 우울한 기분을 떨칠 수 없었다. 우리나라 IT 산업에도 다시 봄이 올 수 있을까?

미래 사회는 이머징 시장의 부상, 광범위한 기술 발전, 노령 인구의 증가, 더욱 연결된 세계가 키워드다

최근에 읽기 시작한 『미래의 속도(No Ordinary Disruption)』에서는 미래가 뉴노멀(new normal)의 상황에서 급변하게 될 것이라고 이야기한다. 그 변화를 주도할 4가지 힘은 첫 번째가 향후 세계 경제의 성장과 활력의 중심이 중국과 인도 같은 이머징 마켓으로 이전할 것, 두 번째가 기술 발전이 경제에 미치게 될 영향 범위와 규모가 이전보다 가속화되어 전개될 것이라는 점이다. 세 번째는 전 세계적으로 노령층이 차지하는 비중이 증가하게 되는 인구 구성의 변화가 될 것이고, 마지막 네 번째가 전 세계는 이전보다 훨씬 더 자본, 노동력, 그리고 정보의 흐름이 강화되어 무역 및 경제적 측면에서 보다 더 연결된 체계를 이룩할 것이라는 점이다.

이 4가지 사항은 우리나라에서도 예외는 아닐 것이다. 이미 인구 고령화는 우리 사회의 주요한 화두가 되고 있으며, 해외직구 등을 통한 개인의 상거래 글로벌화에 따라 유통 시장의 변화가 불가피할 것이라고 보는 견해도 흔하게 접할 수 있다. 또한 중국의 경제성장에 따라 중국 관광객에 의존하는 국내 유통 시장이나 중국에서 인기 있다고 하는 제품을 제조하는 기업의 주가가 폭등하는 등 이미 우리나라는 이머징 국가들의 영향력 안에 있다고 할 수 있다. 그리고 기술의 발전에 따라 새로운 인터넷 서비스의 등장으로 금융, 유통은 물론 소자본 창업 시장에까지 다양한 변화가 일어나고 있다. 그런데 그런 급변하는 흐름 속에서 이를 주도한 핵심 기술인 IT는 과연 우리나라에서 어떤 상황에 처해 있는가?

우리나라도 최근 다시 IT 관련 학과가 학생들의 인기를 얻고 있는 추세다

경제신문을 보다가 국내 대학에서 컴퓨터 관련 학과가 이공계 최고 수준의 커트라인으로 다시 부상하고 있다는 기사를 읽었다. 아주 반가운 기사였지만 별로 믿음이 가진 않았다. 극히 일부분의 사례를 들어 전체 트렌드라고 할 수도 없고 주변의 상황을 둘러봐도 특별히 나아진 것을 느낄 수 없기 때문이다.

중국 IT 기업들이 점차 앞서 뻗어나가는 동안, 아시아에서 가장 앞섰다고 자부했던 우리나라의 IT 및 인터넷 서비스 분야는 지난 10여 년간 과연 어떠한 발전이 있었는지 잘 모르겠다. 국내 최대의 인터넷 포털은 여전히 국내 최고라는 타이틀에 만족하고 있는 듯하고, 세계적인 스마트폰 기업은 하드웨어 중심의 성장에 치중하다가 최근 그 성장세가 주춤하면서 고민에 빠져 있는 것으로 보인다. 공부 잘하는 학생들은 의대에 가려 하고 대학 졸업을 앞둔 취업 준비생의 최대 희망이 공무원 시험 합격인 것은 여전하지 않은가?

최근 주변에서 많은 사람들이 구매하는 드론 제품은 대부분 중국산이다. 그런데 정말 무서운 점은, 무선으로 조종되며 자이로 센서를 통한 자세 교정 시스템까지 탑재한 드론의 판매 가격이 5만 원도 채 되지 않는다는 것이다. 중국에서 제조되어 수입되고 유통마진까지 포함해 최종 판매되는 가격이 5만 원가량이라면 과연 국내 제조업체가 경쟁할 수 있을까? 우리나라가 제조업 분야에서 다시 세계적인 경쟁력을 가질 수 있을지 잘 모르겠다.

미국의 오디오 업체 중에 이모티바(Emotiva)라는 기업이 있다. 고사양의 오디오 제품을 제조·판매하는 회사인데 그 성능으로만 보면 하이엔드급 오디오 수준이다. 가격은 비슷한 다른 하이엔드 오디오 회사의 제품과 비교하면 1/5 이하다. 물론 성능에 대한 차이가 있을 수 있겠으나 그것을 감안해도 가격 차이가 커다란 메리트로 작용한다. 이 회사는 유통망을 가지고 있지 않고 전 세계를 대상으로 온라인 직판만을 한다. 물론 제조는 전적으로 중국에서 하고 있다. 사실 애플도 최근에 일부 미국 내 생산을 시작했으나 거의 대부분 중국에서 제조하고 있지 않은가?

중국과 가까워 지리적으로 유리한 조건을 가진 우리나라가 앞으로 변화하는 시대에 생존하기 위해서는, IT와 데이터 분야를 집중적으로 육성하는 것은 물론 제조업 분야에서 제품 설계 및 기획력을 바탕으로 중국과의 유기적인 연계가 필요하지 않을까? 의료, 제조, 유통, 교육, 문화 등 거의 모든 분야가 디지털의 영향력 아래에 있는데도 디지털산업의 근간인 소프트웨어와 IT 분야, 그리고 최근 급성장하고 있는 데이터 분석 분야에서 계속 뒤처진다면 앞으로 큰 문제가 되지 않을까?

부디 내가 본 경제신문의 기사가 최근의 트렌드를 정확하게 짚은 기사이기를 간절히 소망한다. 다시 대한민국의 IT 산업이 세계 시장에서 두각을 나타내는 날이 오기를 진심으로 바란다.

응답하라 1988

한때 드라마 〈응답하라 1988〉이 높은 시청률을 기록하며 인기를 끌었다. 케이블 채널에서 만든 드라마가 공중파 드라마의 시청률을 누른 획기적인 사례로 꼽힌다. 더구나 〈응답하라 1997〉, 〈응답하라 1994〉 시리즈 방영 후 연이은 히트작이었다. 이 드라마로 인해 음악계에서는 지나간 유행가들이 다시 인기를 끄는 등 복고 열풍이 불기도 했다.

1988년이면 내가 대학원에 다니던 해다. 〈응답하라 1988〉의 시대에 맞추어 1988년의 IT 환경을 나의 기억을 바탕으로 구성해보았다. (그 시절로 돌아가 현재 시점으로 서술해보겠다.)

1988년으로 돌아가 그때 그 시절의 PC 환경은 어땠을까?

학교 실험실에서 주 장비로 이용하는 PC는 IBM PC 호환기종 중 AT 모델이다. 80286 CPU를 장착한 최신형으로 8비트가 아닌 16비트 마이크로 프로세서를 장착한 기종이다. 더구나 PC에는 하드디스크라는 신통한 것이 장착되어 있다. PC를 켜면 스스로 OS를 읽어서 자동으로 부팅이 되는 참 편리한 시스템이다. 그리고 그 하드디스크의 용량은 5.25인치 플로피디스크 1장 용량인 1.2MB(메가바이트)의 20배에 가까운 20MB라는 광대한 용량을 자랑한다. 20MB라니 웬만한 프로그램과 컴파일러는 다 하드디스크 안에 설치해놓고 플로피디스크 없이도 사용할 수 있다.

PC 옆에는 132칼럼(PC 프린터에 A4용지가 일반화된 지금은 생소한 말이지만, 예전에 사용하던 연속 출력용지의 경우 좁은 용지에는 한 줄에 80자, 넓은 용지에는 132자가 들어갔다. 이를 80칼럼·132칼럼 용지라고 불렀다.)의 도트 매트릭스 프린터가 연결되어 있어 프로그램 작성 시 편리하게 사용할 수 있다. 더구나 학교에서 실험실용으로 추가적으로 SCSI 외장 하드디스크를 100만 원이나 주고 구입했는데 용량이 자그마치 100MB나 된다. 크고 무겁고 소리가 요란하긴 하지만 100MB의 디스크라면 필요한 모든 자료를 하드디스크에 담을 수 있을 듯하다. 참고로 1988년 당시 하드디스크의 가격은 용량 1MB당 1만 원가량이었다. 그러던 것이 후에 1GB당 1만 원이 되고, 지금은 1TB에 5만 원

IBM PC AT: 학교 실험실에서 주 장비로 이용하는 PC는 IBM PC 호환기종 중 AT 모델로, 당시로는 제법 큰 용량인 20MB의 하드디스크가 장착되어 있었다. 출처: MBlairMartin - Wikipedia

가량이니 당시 가격 대비 1/200,000로 떨어진 셈이다.

그런데 학교 실험실의 최고 인기 PC는 애플에서 출시한 매킨토시 SE 기종이다. 1대밖에 없어서 사용하려면 줄을 서서 기다려야 하는 것이 흠이다. 이것은 신기하게도 본체와 모니터가 하나의 덩어리로 되어 있다. 그리고 일반적으로 사용하는 5.25인치 플로피디스크가 아니라 훨씬 작은 3.5인치 플로피디스크를 사용한다. 물론 이것도 20MB의 하드디스크를 내장하고 있다. 신기하게도 마우스라는 것을 이용해 화면에서 커서를 움직이며 PC를 사용한다. 파일을 지울 때는 그저 마우스로 파일을 끌어다가 바탕화면에 있는 휴지통에 넣으면 된다. 참 아이디어가 좋다.

논문을 쓸 때는 레이텍(Latex, 문서 작성용 에디터)을 이용해 IBM AT

매킨토시와 레이저라이터: 레이저라이터는 매킨토시 PC와 함께 개인용 PC를 사용해 전자출판 시대를 여는 데 큰 역할을 했다. 출처: Flicker

에서는 작성이 불가능한 수식과 기호를 넣을 수 있어 대단히 인기가 좋다. 더구나 매킨토시 옆에는 레이저라이터(LaserWriter)라는 프린터가 연결되어 있다. 레이저프린터라는데 출력을 하면 마치 인쇄한 책처럼 출력이 된다. 도트 매트릭스 프린터는 비교가 되지 않는다. 그런데 가격이 수백만 원이라니…. 학교가 아니면 사용하는 것은 상상도 못할 일이다. 집에 1대 가질 수 있다면 얼마나 좋을까.

하지만 진짜 멋진 PC는 기계공학과에 있는 아폴로 워크스테이션과 다른 실험실에 있는 선 워크스테이션이다. 20인치 가까이 되는 큰 화면에 마우스로 조작할 수 있으며 속도도 무척 빠르다. 이 워크스테이션의 CPU는 모토로라 것을 쓰는데 32비트다. 메인 프레임이나 다름없다. 더구나 일부 워크스테이션은 자연스러운 컬러 화면을 가지고 있다. PC에 컬러 화면이라니…. 물론 IBM PC에도 컬러 화면이 있지만 자연스러운 색상을 내지는 못한다. 16가지 색상밖에 없으니까. 그러나 워크스테이션에서는 논문을 작성할 수 없다는 것이 아쉽다.

매킨토시가 논문 쓰기에 딱 좋지만 레이텍 사용법이 쉽지 않고 한글도 안 되는 데다가 또 1대밖에 없어서 여유롭게 쓸 수 없기에 대부분 논문은 IBM PC AT로 삼보컴퓨터에서 나온 보석글을 이용한다. 빠르고 편리한 워드프로세서다. 더구나 조합형 한글코드를 사용하기 때문에 완성형 한글코드에 비해 다양한 한글의 입력이 가능하다. 그래서 한글 본문은 보석글로 작성하고 수식이 들어갈 부분은 공백으로 남겨두었다가, 매킨토시에서 수식만 별도로 레이텍을 이용해 출력해서 이것을 오려 붙여 논문을 완성하면 된다. 그런데 수정할 부분이라도 발생하면 고생 좀 해야 한다. 물론 그림 같은 것은 워드프로세서에서 처리할 수 없으니 본문에 충분히 공백을 만들어 놓은 뒤 인쇄한

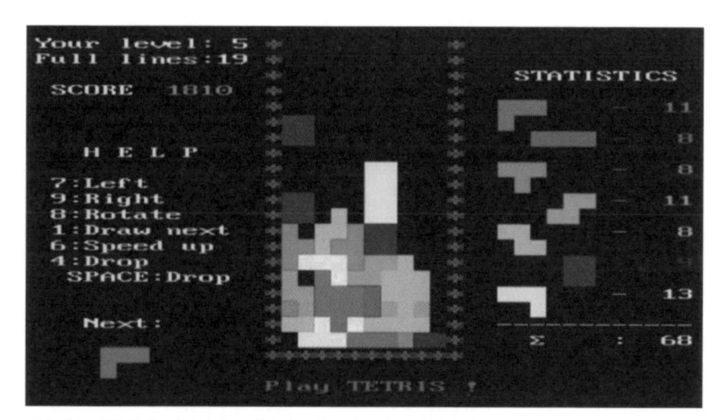

테트리스 게임 화면: 아직까지도 사랑받는 테트리스의 초기 게임 화면

후에 그림을 별도로 복사해서 오려 붙여야 한다.

틈틈이 시간 날 때마다 PC에서 테스리스 게임을 한다. 레벨이 9가 넘어가면 거의 신의 손을 필요로 한다. 손가락의 움직임을 거의 예술의 경지로 끌어올리는 것 같다. 다른 친구들과 점심 내기를 자주 하는데 영 실력이 부족해서 이긴 적이 별로 없다. 워낙 다들 테트리스에 많은 시간을 쓰다 보니 이런 이야기도 나돈다. 원래 테트리스는 러시아에서 개발한 게임인데 서방의 엔지니어들이 효율적으로 연구하는 것을 방해하기 위해 개발했다는 소문이다. 믿거나 말거나….

당시 PC 환경은 지금과 많이 달랐지만 IT 시대의 시작을 알리는 시기였다

지금까지 서술한 내용이 대략 나의 기억에 남아 있는 1988년 대학원 실험실의 PC 환경이다. 그렇게 시작되어 1990년대 초반 랩톱 컴퓨터(지금의 노트북)를 처음으로 보게 되었을 때의 놀라움, 마이크로소프트 윈도우의 출시, 클라이언트/서버 컴퓨팅의 발전, 웹 환경의 등장과 넷스케이프 웹 브라우저, 네이버의 태동, PDA의 실패와 스마트폰의 폭발적인 성장 등 오늘날의 IT 환경이 되기까지 수많은 변화를 함께 목격했다. 그리고 여전히 앞으로의 IT 발전에 대한 기대와 호기심을 가진 세대이기도 하다.

✅ **플로피디스크:** 플로피디스크를 전혀 모르는 세대에게 설명하기는 힘들지만 지금의 USB 메모리와 같이 PC 내부 하드디스크의 정보를 복사해 다른 PC로 옮기고자 할 때 사용하던 얇은 디스크다. 유연한 플라스틱 원반 표면에 자성 물질이 코팅되어 정보가 자기장 원리로 기록된다. 디스크의 지름에 따라 5.25인치 규격과 더 작은 3.5인치 규격이 있었다. MS오피스의 워드나 엑셀에서 문서의 내용을 파일로 저장하는 기능을 나타내는 아이콘이 바로 플로피 디스크 그림이다.

✅ **워크스테이션:** 일반 PC보다 뛰어난 CPU와 그래픽 장치를 가지고 커다란 컬러 모니터와 마우스를 포함해 구성된 개인용 컴퓨터를 말한다. 당시에는 범용 PC와 다르게 캐드 작업이나 고난도의 프로그램을 수행하기 위한 별도의 고급 사양을 가진 PC 제품군을 일컫는 용어였다. 하지만 일반 PC의 성능이 비약적으로 향상되어 워크스테이션에서 하던 작업을 모두 할 수 있게 됨에 따라 시장에서 사라졌다.

✅ **조합형 한글코드:** 컴퓨터 초창기, 한글을 컴퓨터에 표현하기 위해 개발된 코드 방식으로 한글의 원리인 '자음-모음-받침'의 조합을 코드로 구현한 것이다. 따라서 모든 한글의 표현이 가능하다는 장점이 있었다. 그러나 한글 한 글자를 표현하는 데 필요한 데이터의 길이가 제각각이라 국제 표준으로 사용되지 못하고 다양한 방법들이 존재했으나 현재는 역사 속으로 사라졌다.

✅ **완성형 한글코드:** 1987년 최초로 국제 표준으로 채택되었으며, 많이 사용하는 한글만 선정해 2바이트로 표현하는 방식이다. 1987년 표준에는 2,350자의 한글만 완성형 코드에 채택되었다. 따라서 완성형을 사용하는 워드프로세서에서는 2,350자 이외에는 입력이 안 되는 사태가 벌어졌다. 지금은 이런 단점을 거의 극복한 유니코드 방식으로 발전했다. 다만 아직도 일부 폰트 또는 프로그램에서 특정 한글 조합이 표현되지 못하는 경우가 있는데 이는 과거 완성형 한글코드의 잔재라고 볼 수 있다.

그 많은 여성 프로그래머들은 다 어디로 갔을까?

'Colored Computers'는 예쁜 컬러의 노트북이나 데스크톱 PC를 말하는 것이 아니다. 오늘날 우리가 알고 있는 컴퓨터가 등장하기 전까지 복잡한 수학공식에 따른 계산을 담당하던 것은 사람이었다. 이들을 계산원, 즉 컴퓨터(computer)라고 불렀으며 대부분의 인원은 여성이었고 그중에는 유색인종(colored)도 있었다.

영화 〈히든 피겨스〉는 미국과 소련의 우주개발 경쟁이 한창이던 1960년대 나사(NASA)에서 활약했던 흑인 여성 계산원들이 주인공이다. 영화에서 보여주듯 흑백 인종차별은 당시 미국에서 매우 심각한 상황이었다. 여기서 그치지 않고 주인공들에게는 여성에 대한 차별까지 더해져 있었다. 그런 상황에서 자신들의 꿈을 이루기 위해 가혹한 현실적 장애물을 극복해야만 했던 과정과 그녀들의 노력을 영화에서 잘 보여주고 있다.

대한민국 조직 내에는 여전히 존재하는 유리천장이 있다

이 영화를 보면서 과연 지금 우리나라는 그 당시 미국의 상황과 얼마나 많이 다를까 하는 생각을 했다. 물론 우리나라에는 미국처럼 인종차별을 할 만한 유색인종이 많지 않다. 그래서 인종차별은 해당이 안 된다고 생각할 수 있지만, 여성에 대한 차별은 당시 미국과 비교해 과연 더 나은 상황이라고 할 수 있을까? 한때 소프트웨어 프로그래머는 여성이 진출하기에 상당히 적합한 직업으로 알려져 있었다.

세계 최초의 프로그래머로 알려진 사람도 남성이 아닌 여성이다. 프로그래밍은 생물학적으로 우월한 힘과 스피드 같은 육체적인 능력을 거의 필요로 하지 않으며 고도의 정신적·지적 능력이 중요하다. 게다가 여성의 섬세하고 꼼꼼한 성격과도 잘 맞는다고 여겨졌기에 많은 여성들이 컴퓨터공학을 전공으로 선택했다. 그래서 컴퓨터공학 전공은 여학생의 비율이 타 공대 전공에 비해 월등히 높았다. 기업에서도 여성 프로그래머 전문인력 특채 등 별도의 전형으로 채용을 진행했던 적도 있다.

그런데 그 많은 여성 프로그래머들이 다 어디로 갔을까? 그리고 대학생의 남녀 비율은 거의 50:50인 세상에서 회사 내 여성인력은 전부 어디로 사라졌는가? 2019년 연합뉴스 기사에 따르면 글로벌 금융회사인 크레디트스위스 보고서에서 한국 기업의 고위관리직 여성 비율은 3.9%로 조사 대상 40개국 중 꼴찌에서 두 번째로 낮았다.

이뿐만이 아니다. 여성의 진출이 활발한 공무원 분야에서도 고위 공무원의 여성 비율은 4.4%에 그치고 있다. 2018년 7월 행정안전부는 전국 17개 시·도 공무원의 성별 현황을 공개했는데 이에 따르면 2017년 9급 지방 공무원 공개 채용 시험에서 여성 합격자 비율이 60.5%로 역사상 가장 높았다고 한다. 하지만 5급 이상 지방 공무원 가운데 여성 비율은 여전히 13.9%로 낮은 수준이다.

이런 사실은 새삼스러운 것이 아니다. 이는 결혼과 출산에 대해 여성이 감내해야 하는 부담이 크게 작용한 것이기도 하지만, 사회적인 편견과 차별이 없었다고 단정짓기도 힘들다. 1960년대 미국 나사에서 벌어지던 상황이 여전히 대한민국의 기업 내에서 벌어지고 있다고 한다면 이는 무리한 주장일까?

주요 IT 기업의 잘 알려진 CEO 중 여성이 상당수를 차지하고 있는 미국의 경우를 우리나라와 비교하면 어떨까? 사실 미국도 완전한 여성 평등의 사회라고 보기는 어렵다. 한 기사에 따르면 구글의 소프트웨어 개발자 중 여성인력의 비율은 20% 정도이며 실리콘밸리 창업자 중 여성 창업자의 비율은 29% 정도라고 한다. 하지만 우리나라의 경우 소프트웨어정책연구소의 '2014년 한국 SW 개발자 현황' 보고 자료에 따르면 개발자 중 여성의 비율은 5.4%로 연령대는

25~29세 비율이 가장 높게 나타났다. 남성의 경우 30~34세의 비율이 가장 높으며 남녀 모두 45세 이상의 비율은 거의 0%였다. '45세 이상의 여성 개발자'가 있다면 스스로 엄청난 자부심을 가져도 될 듯하다. 미국도 완전한 성평등을 이룬 사회는 아니지만 우리나라의 경우 1960년대 나사의 상황에 머물러 있는 것은 아닐까?

물론 소프트웨어 개발이 애초 생각과는 달리 엄청난 체력을 요구하는 '막노동'에 버금가는 성격을 띠고 있고 야근도 수시로 해야 하며 주말 근무도 해야 하는 혹독한 업무라는 것은 이미 드러나 있다. 여성이 체력과 상황 면에서 더 불리한 위치에 놓일 수 있다고 생각할 수 있지만 그건 남성이라고 해서 모두 견딜 수 있는 것이 아니다. 결국 남성과 여성 모두 견디기 힘든 근무 여건을 개선하지 않는다면 누구도 생산적이고 창의적인 결과물을 도출할 수 없다는 이야기다. 따라서 우리나라 소프트웨어 개발자의 근무 여건을 전반적으로 개선해야 하며 특히 여성 소프트웨어 개발자를 위해 결혼 및 출산 후에도 지속적으로 일할 수 있는 환경을 마련해야 한다.

IT 분야에서 비단 여성인력뿐만 아니라 고참 개발자가 더 많이 활약할 수 있어야 한다

페이스북을 중심으로 한 소셜 분야에서의 여성 사용자 비율이 남성보다 더 높다는 조사 결과를 통해 여성의 디지털 라이프 참여도와 성

여성 프로그래머들: (왼쪽부터) 세계 최초의 프로그래머 에이다 러브레이스(Ada Lovelace), 컴퓨터 프로그래머 그레이스 호퍼(Grace Hopper), 배우이자 와이파이와 GPS의 선구자 헤디 라머(Hedy Lamarr). 출처: Wikipedia

숙도가 높음을 알 수 있다. 한편으로는 소프트웨어 개발자 부족 현상을 염려하는 기사도 종종 볼 수 있다. 그런데 우리나라의 대학 진학률은 2014년을 기준으로 이미 여학생이 74.6%, 남학생이 67.6%로 여학생의 비율이 더 높다. 물론 공학 분야는 여전히 남학생의 비율이 월등히 높겠지만 전체적으로 여성인력의 활용이 국가적 인재 활용 차원에서도 중요한 일이 아닐 수 없다.

현실에서 영화 〈히든 피겨스〉의 주인공들과 같은 삶을 사는 여성 소프트웨어 개발자들과 함께 일했던 적이 있다. 그들은 지금 어디에서 무엇을 하고 있을까? 사실 우리나라에서는 남자라도 소프트웨어 개발자로 사는 인생이 순탄하지 않다. 앞서 이야기한 것처럼 45세는 많은 나이가 아닌데도 프로그래머에게는 정년에 가까운 나이이니 말이다. 부디 멋진 여성 소프트웨어 개발자를 주위에서 접하는 것이 드문 일이 아닌 세상이 되었으면 하는 바람이다. 얼마 전 지하철을 타고 가던 중 기관사의 안내 방송을 듣게 되었는데 목소리의 주인공은 여성이었다. 기관사가 여성이라는 사실이 색다르지 않게 인식되고 기업 내에서 여성 임원을 흔하게 볼 수 있는 대한민국이 되면 지금보다 더 경쟁력 있는 국가가 되지 않을까?

✔ **세계 최초의 프로그래머:** 러브레이스 백작부인 어거스터 에이다 킹(Augusta Ada King, Countess of Lovelace, 1815~1852)은 영국 시인 조지 고든 바이런의 딸이며, 세계 최초의 프로그래머로 알려져 있다. 출생명은 어거스터 에이다 바이런이지만, 대중적으로는 에이다 바이런, 혹은 에이다 러브레이스라는 이름으로 불린다. 과학만능주의가 팽배한 19세기 귀족 여성으로서 과학에 대한 관심과 명석한 두뇌로 초기 컴퓨터과학에 발자취를 남겼다. 에이다는 찰스 베비지의 연구의 협력자였고, 베비지가 고안한 해석기관을 위한 공동작업으로 널리 알려져 있다. 프로그램 언어 에이다(Ada)는 그녀의 이름을 딴 것이다.

2장

기업 조직에 부는 바람

알아두면
쓸모 있는
IT 상식

기업의 정보시스템과 기업 경쟁력

언젠가 회사에서 단체로 농구장에 농구경기 응원을 간 적이 있었다. 박진감 넘치는 농구경기가 끝나고 응원을 갔던 사람들 모두 대표이사와 함께 저녁 식사를 하게 되었다. 식사 자리에서 대표이사는 팀장들에게 돌아가면서 한마디씩 말하도록 했고 팀장들은 각자 여러 가지 이야기를 했다. 그 이야기 중에는 그날 봤던 농구경기와 관련된 내용이 많았다. "역시 농구경기에서는 감독의 역할이 중요함을 느꼈다. 회사에서도 리더의 역할이 아주 중요할 것 같다." "농구경기에서는 스타 플레이어보다는 팀워크가 더 중요하다는 사실을 새삼 느꼈다." 등의 이야기였다.

내 차례가 돌아왔을 때 나는 자리에서 일어나 대표이사를 보며 이렇게 말했다. "여러분이 눈여겨보지 않았겠지만 농구경기장에 있는 전광판의 중요함을 생각해본 적이 있습니까? 남은 공격시간을 보여주는 초시계가 없거나 스코어 및 각종 경기 상황을 보여주는 전광판이 고장 난다면 농구경기를 중단할 수밖에 없을 겁니다. 숨은 곳에서 전광판이 잘 작동하도록 노력하는 사람이 있기에 그런 일이 생기지 않는 것이죠. 기업의 정보시스템도 이와 같다고 생각합니다."

그런데 공교롭게도 이런 발언을 한 지 얼마 지나지 않아 회사의 정보시스템이 운영되고 있는 데이터센터에 전기설비 장애가 발생했다. 실제로 업무 시간 중에 10시간이 넘게 모든 정보시스템이 다운되는 사고가 일어난 것이다. 그날 모든 직원들은 대부분 서성이며 일이 손에 잡히지 않는 모습이었다. 물론 그동안 나의 속은 까맣게 타들어갔고 가시방석에 앉아 있는 것 같은 느낌이 들었다. 늦은 오후가 되어서야 전기설비 복구가 끝나고 정상적으로 작동하게 되었다. 그날 "말이 씨가 된다."라는 속담이 머릿속을 내내 맴돌았다.

정보시스템은 전기처럼 항상 준비되어 있어야 하는 게 당연하게 여겨진다

기억할지 모르겠지만 2011년 9월 어느 날, 가을의 늦더위로 인해 국내 여러 곳에 대규모 정전사고가 발생한 적이 있었다. 당시 주요 뉴스의 헤드라인을 장식하는 등 큰 이슈가 되었다. 그런데 생각해보면, 우리는 평소에 전기가 중단 없이 공급되기 위해 노력하는 이들에 대해 신경 쓴 적이 있었던가? 마찬가지로 매일 출근해 PC를 켜고, 그룹웨어에 로그인해 메일을 확인하고, 결재를 하고, ERP(전사적 자원관리)에 접속해 업무를 수행하고, 스마트폰으로 와이파이를 연결해 정보를 조회하고, PC에서 웹 검색을 하고, 메신저를 통해 이야기를 나누고, 보고서를 작성해 출력하고, 메일로 보내고 퇴근하고… 이런 일상에서 얼마나 많은 직원들이 정보시스템을 운영하고 있는 사람들의 숨은 노력에 대해 인식할 수 있을까?

한때 전기도 최신 기술 분야였고, 정보시스템도 마찬가지로 마법과 같이 여겨지는 시절도 있었다. 정보시스템을 개발하면 성대하게 개통식을 하고 대표이사가 버튼을 누르면 프린터에서 멋진 출력물을 찍어내는 행사를 하던 시절 말이다. 이렇게 시작된 기업의 정보시스템은 직원들에게 1인 1PC를 지급하는 단계를 거쳐, 회사의 핵심 정보를 보여준다는 EIS(경영정보시스템)를 도입하고 ERP 프로젝트를 전사적으로 추진하는 데까지 발전했다. 정보시스템을 통해 기업이 경쟁력을 가질 수 있다는 컨설턴트의 멋진 프레젠테이션이 아니더라도 많은 사람들이 정보시스템이 마법처럼 기업의 경쟁력 향상에 크게 기여할 것이라는 생각을 했었다.

물론 이 기대에 부응하며 정보시스템은 크게 발전해왔다. 정보시스템을 통해 기업들은 보다 빠른 정보처리와 신속한 의사결정이 가능해졌으며, 방대한 양의 정보를 체계적으로 분석할 수 있게 되었고, 직원들이 일일이 고민하지 않아도 오차 없이 정확한 월 결산을 해주고 있으니까.

하지만 과연 정보시스템이 기업 경쟁력 향상의 핵심인가? 경쟁력이란 무엇인가? 남보다 무언가를 뛰어나게 잘하는 것이다. 하지만 정보시스템은 오히려 기업 간의 경쟁력 평준화를 가져온 것은 아닐까? A기업이 노력 끝에 정보시스템을 개발하고 업무에 도입해 뛰어난 성과를 거두고 있다는 소식을 들으면, B기업은 해당 기업이 채택한 솔루션 회사를 찾아 벤치마킹을 하고 비슷한 정보시스템을 도입하고 있지 않은가? 글로벌 ERP 기업의 솔루션을 거의 모든 기업에서 사용하게 되면 ERP 시스템에서 해당 기업의 차별화된 경쟁력을 이끌어낼 수 있는 걸까?

그렇다고 거의 모든 기업에서 사용하는 ERP 시스템을 사용하지 않고 버티는 게 더 나은 걸까? 많은 IT 솔루션 기업들이 고객사를 대상으로 영업을 할 때 극적인 효과를 강조하고 경쟁력의 향상에 대해 이야기하지만 해당 솔루션을 시장에서 경쟁관계인 A, B, C사에게 모두 똑같이 판매하면 과연 효과는 어떨까?

하지만 오늘날 정보시스템이 기업 경쟁력의 핵심 원천이 될 수 없다는 것에 공감하더라도 정보시스템 없이 기업을 운영하는 것은 이미 불가능한 상황이다. 그 정보시스템을 유지하고 운영하기 위해 끊임없는 비용이 들어가는 것은 말할 것도 없다. 아마도 경영진이 IT 부서에 보내는 껄끄러운 시선은 이런 현실 때문이 아닐까? 그렇다면 정말로 정보시스템이 기업에 주는 의미는 무엇일까? 그리고 기업의 경쟁력 향상에 기여하기 위한 방법은 무엇일까?

정보시스템은 기업 경쟁력 향상을 위한 도구일 뿐 핵심이 아니다

나는 기업 조직원의 역량과 기업문화, 잘 정비된 프로세스, 정보시스템에 대한 끊임없는 관심과 개선 노력이 경쟁력의 핵심이라고 생각한다. F1경기를 본 적이 있는가? F1경기에 참가하는 머신(경주차)들은 유수의 자동차회사에서 만든 최고의 것들이며 때론 같은 엔진을 사용하는 머신도 경기에 여러 대 나온다. 따라서 승부를 결정짓는 요소는 머신의 성능보다는 머신을 조종하는 드라이버, 피트에 있는 정비팀과 기술자, 그리고 지원 조직이 아닐까 한다. 정보시스템도 막대한 비용을 들여 도입하고 구축·오픈하는 것은 시작일 뿐, 역량 있는 사용자와 시스템 운영 조직, 뛰어난 기술지원, 경영진의 높은 관심 등이 어우러져 지속적으로 개선되어갈 때 기업의 성과에 기여하는 정보시스템으로 발전할 수 있을 것이다.

평소 IT 솔루션을 공급하는 벤더들에게 느꼈던 아쉬운 점은 솔루션을 소개할 때 마치 "이 머신이 지난 F1그랑프리에서 우승한 드라이버가 탔던 것이니 이것을 타면 우승할 수 있다."라는 것처럼 솔루션 도입에 대한 중요성만을 강조하는 것 같다는 점이다. 물론 우수한 IT 솔루션이 경쟁력 있는 정보시스템의 구축을 위한 중요한 요소인 건 맞다. 하지만 진정한 정보시스템의 경쟁력은 기업 조직원들 스스로 정보시스템을 적극적으로 활용하고 지속적으로 개선하며 기업의 환경에 맞게 끊임없이 발전시켜나가려는 노력, 경영진의 이해와 관심 및 지원을 바탕으로 한다.

없어서는 안 되는 존재가 되어버린 기업 내 정보시스템을 비용만 잡아먹는 필요악으로 생각하지 않고, 보다 적극적으로 기업 프로세스 개선과 접목해 업무 경쟁력 향상의 훌륭한 수단으로 발전시키는 것은 사용자 스스로에게 달려 있다. 최근 화두가 되고 있는 '스마트 워크'도 첨단 IT 시스템의 도입이 아닌 조직 구성원들이 스마트하게 업무를 수행할 수 있는 조직 문화와 제도, 여건을 갖추는 것을 더욱 중요하게 생각해야 하는 이유도 여기에 있다.

데이터센터: 기업 또는 조직의 전산설비(서버, 네트워크, 스토리지 등)를 설치하고 운영하는 건물 또는 시설. 보통 도시 외곽에 별도의 전용 건물을 지어 전기설비, 항온설비, 보안설비를 철저히 갖추고 24시간 시스템의 장애가 발생하지 않도록 관리인원이 상주하면서 시스템을 운영하는 곳을 말한다.

ERP(Enterprise Resource Planning): 전사적 자원관리라고 부르기도 하는 시스템으로, 기업의 회계, 구매, 생산, 판매 등 핵심 업무의 수행을 지원하는 통합시스템을 말한다. 제조업에서 가장 핵심이 되는 정보시스템이다.

그룹웨어: 기업에서 임직원의 업무 수행을 위한 협업을 지원하는 정보시스템이다. 결재, 전자우편, 게시판, 메신저 등이 주요 기능이며 모든 임직원이 사용하는 가장 기본적인 시스템이다.

EIS(Executive Information System): 경영정보시스템. 기업의 각종 정보를 취합하고 정리해서 일목요연하게 도표 또는 그래프로 변환해 주요 경영 정보를 한눈에 파악할 수 있도록 집계된 정보를 제공하는 시스템이다.

물 샐 틈 없는 보안은 가능한가?

아내를 살해했다는 누명을 쓰고 쇼생크교도소에 수감된 주인공 앤디 듀프레인. 그는 20년 가까운 수감생활 끝에 자기 감방 벽에 구멍을 뚫고 탈옥에 성공한다. 아주 작은 망치 하나로 감방 벽에 구멍을 뚫는 작업에는 매우 오랜 시간이 소요되었다. 하지만 흙을 조금씩 밖으로 가져와 버리고 구멍은 커다란 포스터로 가려놓았기 때문에 발각되지 않고 탈옥에 성공할 수 있었다.

이 내용은 영화 〈쇼생크 탈출〉의 줄거리다. 주인공이 수감되었던 교도소는 흉악범을 수용하는 최고 경비 수준의 교도소였으며 교도관들도 냉혹하기만 했다. 하지만 주인공은 교도소장과 교도관의 신임을 얻었고 결국 탈옥에 성공한다.

보안의 핵심은 침입에 대한 탐지, 지연, 대응이다

보안의 핵심 요소는 세 가지를 꼽을 수 있다. 침입에 대한 탐지(detect), 지연(delay), 대응(response)이다. 이 세 가지 중 한 가지라도 제 역할을 하지 못하면 보안은 제대로 기능할 수 없다. 영화에서 주인공이 탈옥에 성공한 것은 교도소가 침입에 대한 탐지를 실패했기 때문이다. 제아무리 막강한 시스템이라고 해도 충분한 시간이 주어진다면 보안은 뚫리기 마련이다. 만일 금은방에 도둑이 침입해 경보가 울리고 경비업체가 출동했으나 이미 도둑은 달아난 상황이라면, 지연 또는 대응에 실패한 것이라 할 수 있다.

정보시스템의 보안도 위 세 가지 조건에서 벗어나지 않는다. 외부에서 불법적인 침입 시도가 있을 경우 이를 탐지할 수 있어야 하고, 쉽게 침입하지 못하도록 다양한 보안 체계를 구성하고 있어야 한다. 그리고 침입 시도에 즉각적으로 대응할 수 있는 체계를 갖추고 있어야 한다. 요즘은 외부 침입에 대한 보안 솔루션이 상당한 수준에 이르렀으며 기업들도 기본적으로 요구되는 수준의 시스템을 대부분 갖추고 있다.

하지만 최근 금융권의 보안사고 사례와 대형 포털의 정보 유출 사례 등으로 보안시스템의 신뢰성에 대한 의구심이 커지고 있다. 더구나 2011년 9월 30일부로 발효된 개인정보보호법으로 인해 정보 보안에 대한 의무사항 적용 대상이 크게 확대되었다. 그 이후 기업의 경영진이 보안에 관심을 더 기울이는 것은 당연한 일이다. 그리고 기업의 정보시스템을 담당하고 있는 관리자들은 그 어느 때보다 정보 보안에 대해 깊이 우려하고 있다. 그렇다면 과연 물 샐 틈 없는 보안은 가능한 일일까? 그리고 반드시 물 샐 틈 없는 보안을 추구해야만 하는 것일까?

내가 속해 있는 기업은 제조업이기 때문에 정보 보안에 대한 관점이 금융권이나 인터넷 기업과는 다르다는 것을 인정한다. 기업이 속해 있는 산업 분야에 따라 다루고 있는 정보의 내용과 가치도 많은 차이가 있다. 여기서 가치라고 하는 것은 정보가 외부에 유출되었을 때의 가치를 의미한다. 기업의 보안시스템은 기업의 정보 가치에 따라 그 수준이 결정되어야 한다. 보안시스템 구성을 위한 직접적인 비용은 물론, 보안사고 이후 업무 생산성 저하에 따른 간접적인 비용까지 고려하면 많은 비용이 소요되기 때문이다.

최근 일련의 보안사고를 살펴보면, 외부의 침입으로 인한 사고보다는 내부 관련자의 정보 유출사고의 비중이 증가하고 있는 추세다. 지금까지의 보안 체계는 외부의 침입을 막는 것에 중점을 두고 있다. 그리고 그런 측면에서 보안시스템은 상당 부분 성과를 거두었다. 그러나 내부에서 발생하는 정보 유출에는 아직까지 큰 진전을 보지 못하고 있다.

가장 큰 이유는 앞서 이야기한 보안 체계의 3대 요소 중 탐지 측면에서 매우 어렵기 때문이다. 속담 중에 "믿는 도끼에 발등 찍힌다."라는 말이 있다. 내부 관련자를 믿기 때문에 탐지가 어려운 것이다.

영화 〈쇼생크 탈출〉의 주인공도 교도관과 교도소장의 믿음 덕분에 자신의 탈주를 쉽게 들키지 않을 수 있었다.

이런 상황이다 보니 내부정보 보안에 대한 투자가 늘어나고 있다. 내가 근무하는 회사에서도 내부정보 보호를 위해 문서암호화(DRM) 시스템을 몇 년 전에 도입했다. 권한이 없는 경우나 정상적으로 인증을 받지 못한 경우에는 사내 문서가 열리지 않도록 하고, 외부와의 협업을 위해 문서의 암호를 해제하는 기능은 별도의 문서반출시스템을 구축해 이를 통해서만 가능하도록 했다. 그러다 보니 실무자는 업무에 불편을 겪을 수밖에 없다. 보안에 대한 경영진의 의지가 확고할 경우에는 문제가 되지 않으나, 이런저런 이유로 의지가 약해지면 업무상의 비효율이 더 중요한 이슈가 된다. 그러다 어느새 암호화 해제 권한을 가진 사람이 점점 증가하게 되는 것이다.

물론 나는 DRM은 내부자의 정보 유출 방지보다는 노트북이나 USB 메모리 분실사고 시 정보 유출 방지에 더 큰 의미가 있다고 생각하기 때문에 DRM의 도입을 적극적으로 찬성하는 입장이다. 그러나 경영진이 애초에 생각한 내부정보 유출 방지를 위한 도입 의미는 경영자의 인식 변화에 따라 많이 퇴색될 수 있다.

요즘은 DRM 이외에 출력 통제, 화면캡처 통제 등 보안 기능이 점점 더 고도화되고 있고 스마트폰을 통한 정보 유출을 방지하는 시스템까지 등장하고 있다. 믿는 도끼에 발등이 찍히고 싶지 않다는 의미일 것이다.

완벽한 보안시스템의 구축이 아니라 보안 체계 전반의 향상이 목표다

보안은 취약고리(the weakest link) 이론의 적용을 받는다. 즉 다른 모든 측면이 문제가 없더라도 가장 취약한 부분이 뚫리면 전체가 무너진다는 것이다. 그리고 그 취약고리는 바로 사람이다. IT 시스템을 담당하는 입장에서 보안사고가 나면 CEO에게 무참히 깨질 수밖에 없다. 그런데 보안에서 가장 취약한 부분이 기술로 통제할 수 없는 사람이라는 점이 딜레마다.

나는 완벽한 보안시스템은 불가능하다고 생각한다. 오늘 회사에서 있었던 경영회의 결과가 바로 다음 날 경쟁사에 알려지는 것은 경쟁사가 도청을 하거나 시스템을 해킹해 회의자료를 가져갔기 때문이 아니라 회사 사람들끼리 저녁에 술 한잔하면서 정보가 흘러들어갔을 가능성이 훨씬 더 높다. 그런데 경영진은 시스템 정보 보안이 허술하다며 IT 부서에 대책을 수립하라는 지시를 내린다.

오늘날 기업 정보의 대부분은 PC를 비롯한 정보시스템에 저장되고 네트워크를 통해 교류된다. 자동차사고는 자동차가 일으키는 사고가 아니라 운전자가 일으키는 것이듯, 정보시스템에서 정보가 유출된다고 정보시스템만을 탓할 수는 없는 노릇이다. 그래서 정보 보안이 어렵다. 특히 IT 시스템을 담당하고 있는 입장에서는 더욱더 어렵다. 아마도 물 샐 틈 없는 보안 체계의 구현에 대해 고민하는 것은 해결할 수 없는 딜레마를 끌어안고 있는 것인지도 모른다.

어쩌면 완벽한 보안이란 정보를 빼내는 데 필요한 노력 또는 부담해야 할 위험성의 대가가 빼낸 정보의 가치보다 더 크게 느껴지도록 만드는 것이 아닐까? 오늘도 기업의 정보 유출을 막기 위한 IT 부서의 고민은 계속된다.

DRM(Digital Rights Management): 디지털 저작권 관리시스템을 말한다. 원래는 음악이나 전자책 등의 불법 복제 및 사용을 막기 위한 기술이었으나, 콘텐츠를 암호화하는 기본 기능을 이용해 기업의 문서정보를 암호화함으로써 파일 유출에 따른 정보 유출을 막는 데 사용된다.

이베이 계정을 탈퇴하면서

어느 날 나는 "Account security notice - Immediate action required"라는 제목의 메일을 받았다. 발신자는 이베이로 되어 있었다. 최근 위와 같은 제목으로 사용자를 유혹해 열어보게 만드는 악성코드가 포함된 스캠메일이 많아, 일단 메일의 링크를 누르지 않고 이베이 사이트로 직접 가서 로그인을 했다. 그런데 이베이 홈페이지에 나의 계정이 해킹당했으며 바로 패스워드를 변경해야 한다는 안내가 떴다. 누군가 내 아이디와 패스워드를 알아내 악용하려 시도한 것을 이베이가 탐지하고 계정 차단 조치를 취한 뒤 안내 메일을 보낸 것이다.

계정이 해킹당해 개인정보가 유출되는 것은 최악의 경험이다

그러고 보니 얼마 전 이베이에서 아주 좋은 조건에 판매하는 제품을 바로 구매 신청한 적이 있다. 그런데 물건의 남은 개수가 계속 수정되는 것을 발견했다. 이상한 생각이 들어 구매를 취소하고 이베이에 신고를 했다. 그 후 이베이에서는 해당 판매 게시물이 남의 계정을 도용한 사기 건이라며 이를 신고해준 나에게 감사의 표시로 5달러짜리 쿠폰을 보내주었다. 해커가 어떤 목적으로 내 계정을 악용하려 했는지는 알 수 없으나 이런 경험에 비춰볼 때 아마 내 계정을 해킹한 사람도 비슷한 용도로 사용하려 했을 것으로 추측된다.

나는 이베이의 안내 메일을 받고 나서 바로 패스워드를 변경했다. 별다른 피해는 없어 보이긴 했지만 왠지 이베이의 계정을 계속 유지하는 것이 내키지 않았다. 이베이의 계정은 내가 1990년대 말 닷컴붐이 일었을 당시 가입했던 것이다. 그동안 여러 번 물건을 구매하며 20년 가까이 유지한 계정이었으나 결국 그날 오후 이베이를 탈퇴하게 되었다.

통계청 발표에 따르면 2018년 국내 전자상거래 시장의 규모가 100조 원이 넘었다고 한다. 또한 한 리서치기관의 발표에 따르면 국내 상거래 금액 중 인터넷과 온라인 전자상거래가 차지하는 비율인 '전자상거래 침투율'은 2018년 기준 24.1%였다. 이는 중국, 영국, 미국, 일본 등 주요 12개국 중 1위를 차지한 수치이며, 2위 국가인 중국

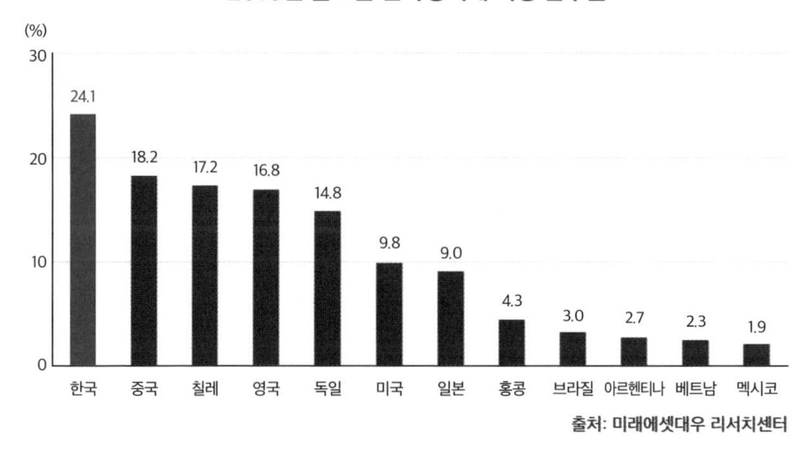

보다 5.9%나 높다. 국내 주요 전자상거래 사이트의 매출 증가와 함께 해외 인터넷 사이트의 직구 열풍도 전자상거래 증가에 주요 동력으로 작용했을 것이다. 아울러 해외에서 국내 사이트를 통해 상거래가 이루어진 전자상거래 수출 규모도 크게 증가하고 있다. 이제 우리나라는 세계적인 전자상거래 선도 국가다.

하지만 한편으로는 메일이나 문자메시지를 통한 온라인피싱 또는 보이스피싱 피해 사례가 그치지 않고 있다. 이는 인터넷 사이트를 통해 유출된 개인정보를 범죄자들이 입수해 악용하는 사례가 여전하다는 뜻이다. 특히 중장년층의 전자상거래 참여가 늘고 있는데, 중장년층은 인터넷 정보 보안 대응력이 취약한 경우가 많다. 또한 이들은 피싱 사기를 당하기도 쉬워서 인터넷 사이트 보안 강화의 중요성이 더욱더 높아지고 있다.

날이 갈수록 지능화되는 피싱 사기는 인터넷 정보 탈취로부터 시작되는 경우가 많다

그동안 인터넷 사이트의 개인정보 유출사고가 셀 수도 없을 만큼 많았다. 그렇게 유출된 개인정보는 여전히 범죄자들이 사용하고 있을 것이다. 하지만 인터넷 비즈니스를 수행하는 기업 입장에서 사용자들에게 강력 패스워드의 설정과 주기적인 패스워드 변경을 권고하는 것 이외에 얼마나 철저한 대응책을 준비했는지 모르겠다.

물론 앞서 이야기한 이베이의 경우 시스템에서 자동적으로 의심되는 거래에 대한 탐지 기능을 통해 이상징후를 발견했기에 나에게 안내 메일을 보냈을 것이니 나름대로 대비를 했다고 볼 수 있다. 하지만 어쨌거나 고객이 이런 경험을 하게끔 하는 것은 인터넷 비즈니스에서 치명적인 문제다. 심지어 유출된 개인정보의 유통 및 제3자에 의해 활용되는 상황에 대해서는 파악조차 어려운 상황이다.

아마 많은 사람들이 자신이 가입한 인터넷 사이트의 아이디와 패스워드를 전부 기억하지 못할 것이다. 또한 동일한 패스워드를 여러 사이트에서 사용하는 경우도 많다. 대부분의 전자상거래 사이트에서는 결제 시 별도의 보안시스템을 이용해 결제 정보를 처리한다. 그래서 아이디와 패스워드가 유출되어도 직접적인 금전 피해는 발생하지 않지만, 유출된 개인정보와 구매내역 등이 피싱 범죄에 사용될 가능성은 여전하다. 따라서 패스워드보다 더욱 강력한 보안인증 체계의 도입이 필요하다.

생체인증을 통해 강화된 보안 방법이 더욱더 확산되고 일반화될 것이다

최근 전자상거래 중 80% 이상이 모바일을 통한 거래다. 그러니 모바일 기기의 진보된 생체인증 기능을 전자상거래의 본인인증 수단으로 적극 도입해야 한다. 또한 PC를 이용하는 경우에도 생체인증을 거치게 해야 한다. 이미 윈도우10은 FIDO 인증을 통해 본인인증 수단으로 지문인식을 적용하는 사례가 늘고 있으나 아직 활성화되지는 않았다. PC에서도 모바일과 같이 지문인식 이외에 좀 더 강력한 생체인증 기능을 활용할 필요가 있다. 이런 배경으로 생체인증 관련 시장은 매년 25%의 성장률을 보이고 있으며 향후 더 성장할 것으로 전망된다.

만약 어떤 전자상거래 사이트에서 치명적인 정보 유출사고가 발생한다면 이는 한참 성장하고 있는 전자상거래 시장에 찬물을 끼얹는 것과 같다. 그뿐만 아니라 해당 사고가 발생한 기업은 치명적인 타격을 받을 것이다. 전자상거래 기업은 고객을 확보하는 데 엄청난 마케팅 비용을 투자한다. 시장 1위 업체가 되는 것에 큰 의미를 부여하기 때문이다. 하지만 "열 사람이 도둑 한 명을 막지 못한다."라는 속담이 있듯이 상당한 노력과 비용을 들이더라도 정보 보안은 쉬운 일이 아니다. 치명적인 보안사고로 그동안 쌓은 공든 탑이 하루 만에 무너질 수 있다. 전자상거래 기업이 성장에만 열중할 것이 아니라 최신 생체인증 기술을 기반으로 사용자 정보 보안을 강화하는 데 더욱더 신중을 기해야 하는 이유다.

✔ **생체인증:** 정보시스템 및 보안시스템에서 접근하고자 하는 사람이 본인임을 인증하기 위해 기존의 패스워드나 보안카드를 사용하는 대신, 사람이 개별적으로 가지는 생물학적 특징을 이용해 본인인증을 하는 방식이다. 대표적인 생체인증 방식으로는 목소리, 지문, 얼굴, 눈동자(홍채), 손등 혈관 등이다. 최근 스마트폰에서 본인인증 방식으로 많이 쓰이는 추세다. FIDO(Fast Identification Online)는 생체인식을 이용한 인증기술 표준을 정하기 위해 설립된 컨소시엄의 이름으로, 사실상의 생체인증 국제표준기관이다. FIDO 기반 생체인증 시스템은 불편하고 보안 능력이 떨어지는 아이디와 패스워드를 대신해 지문과 얼굴인식 등으로 더 안전하면서 편리하게 본인인증을 하는 방식이다.

IT 리더의 두 가지 유형

나는 정보 서비스 회사인 IDG(International Data Group)가 주관하는 CIO(Chief Information Officer, 최고 정보관리 책임자) 모임 행사에 참석한 적이 있다. 프로그램 중에 국내 굴지의 두 기업 CIO들이 자사의 사례를 발표하는 시간이 있었다. 이날 발표를 들으면서 내가 평소 생각하고 있었던 기업 내 IT 조직을 이끄는 IT 리더의 전형적인 두 가지 유형을 분명하게 확인할 수 있었다.

내가 생각하는 두 가지 유형의 IT 리더는 기술 중심의 리더와 혁신 중심의 리더다. IT 조직은 특히나 혁신을 중요시하는 경우가 많은데, 어떤 유형의 리더를 선호하는지는 기업의 상황에 따라 다르다.

IT와 혁신은 서로 밀접한 관계가 있다

기업에 정보시스템이 도입되던 초기에는 회계 및 인사 등 일부 부서에서 결산과 관련된 업무에 국한해 시스템을 도입하기 시작했다. 이때까지만 해도 IT란 고도의 전문 기술 분야로 인식되었다. 마찬가지로 시스템을 운영하는 부서는 당연히 기술 전문가들의 집단이었다. 그러다가 1990년대 들어 생산, 구매, 판매 등의 업무가 ERP 시스템으로 이루어지게 되면서 프로세스 혁신이 일어났고, IT는 기업의 경쟁력을 높이는 핵심 수단으로 인식되었다. 이 시기에는 IT가 기업 경쟁력 차별화를 위한 핵심으로 여겨졌고 많은 IT 솔루션 벤더들도 IT의 중요성을 적극적으로 어필했다. 이 무렵 IT는 혁신과 동의어로 인식되기도 했다.

그러나 2000년대 들어 기업의 정보시스템이 확산되고 보편화되면서 기업 간의 차별화 요소가 점차 약해졌다. IT는 기업에 없어서는 안 될 정도로 모든 업무 수행의 기본이 되는 일상적인 존재가 되었다. IT에 대한 실무자들의 이해가 깊어지고 프로세스 혁신을 현업 주도로 이끌어가게 되면서, IT는 다시 기술 중심의 부서로 돌아가고 업무를 지원하는 부서로 인식되었다.

국내 대부분의 기업들에는 혁신부서가 있으며 IT 부서를 혁신부서의 산하에 두고 있는 경우가 많다. 반면 혁신부서와 IT 부서가 독립된 부서로 존재하는 기업들도 있다. IT 부서가 혁신부서 산하에 있는 것과 독립되어 있는 것은 각각 장단점이 있을 수 있겠지만 이는 해당 기업이 처한 상황과 CEO의 의지에 따라 달라진다.

기업이 처한 상황에 따라 IT 리더에게 요구하는 성향이 다를 수 있다

기업 IT 리더의 두 가지 유형은 자신의 업무를 바라보는 시각을 기준으로 IT 기술 중심의 시각을 가진 리더와 혁신 중심의 시각을 가진 리더로 구분할 수 있다. IT 기술 중심의 리더는 현업의 프로세스 혁신은 현업이 주도해야 한다는 관점을 가지고 있다. IT의 역할은 이를 지원하고 시스템을 안정적으로 구축·운영하는 것이라고 생각한다. 반면 혁신을 중요하게 생각하는 리더는 IT 부서가 문제점을 찾아 이를 개선하는 데 앞장서주기를 바란다. 또한 회사의 경쟁력을 제고하는 데 IT가 아주 중요한 역할을 할 수 있다고 믿는다.

그렇다면 이 두 가지 유형의 IT 리더들을 비교해보면 어떨까? 물론 다음 표는 내가 임의로 만들어본 것이다. 특정인이나 기업을 참고로 한 것은 절대 아님을 밝힌다. 또한 일반화될 수 없는 기준이다. 이 두 유형은 아주 많은 점에서 서로 대비된다. 각자 부족한 점도 있고 우월한 점도 있다. 환경에 따라 요구되는 조건이 다르므로 기업에서는 IT 리더를 선택할 경우 기업의 당면 과제와 환경에 따라 시기별로 필요한 리더를 선택하는 것이 좋다.

IT 리더의 두 가지 유형

	기술 중심의 IT 리더	혁신 중심의 IT 리더
조직	IT 조직이 혁신 조직과 분리	혁신과 IT를 동시에 관할
전공	이공계	인문계
출신	IT 전문기업 또는 컨설턴트 출신	현업 출신
성격	차분, 논리적, 우호적, 야망이 적음	외향적, 저돌적, 적극적, 야망이 큼
직급	임원 또는 부장	대부분 임원
현업에 대한 태도	봉사, 서비스, 지원	리딩, 가르침, 문제 지적
IT 운영 조직에 대한 태도	협력적, 상호이해, 합리적	수직적, 추종 요구, 일방적
경영진 지원 필요성	상대적으로 중요하지 않음	최고경영진의 적극적인 지원 필요
IT 기술에 대한 관심	관심 많음, 지속적인 IT 개선 노력	관심 적음, 현업 변화 관리에 노력
어울리는 환경	IT가 안정화된 상황(운영 중심)	큰 변화기(전사적 프로젝트 추진)
경력 관리	계속 IT 리더로 남음	곧 IT를 떠남(현업으로 복귀, 승진)
모토	'현업은 고객, 무엇을 도와드릴까요?'	'현업이여, 나를 따르라!'

IT 리더 역시 자신의 역량을 회사가 필요로 하는 환경에 맞출 수 있다면 유능한 리더가 될 수 있다. 만약 지금 대규모 프로세스 혁신(PI)과 정보시스템 프로젝트 추진을 앞두고 있다면 혁신 중심의 IT 리더가 필요할 것이다. 하지만 그런 상황이 아니라면 기술 중심의 IT 리더가 현업과 더 원만하게 업무를 추진하며 시스템의 안정적인 운영과 지속적인 개선을 이루어낼 수 있다.

그러나 위의 두 가지 성향은 상호 대치되는 면이 많아서 아쉽게도

한 사람이 두 가지 성향을 필요에 따라 자유자재로 발휘하기는 어렵다. 결국 중요한 것은 자신이 속한 조직이 필요로 하는 역할을 해야 한다는 것이다. 강력하게 혁신을 이끌어가야 하는 상황에서 IT 기술에만 관심을 두어도 문제고, 최고경영진이 IT를 현업을 지원하는 수단으로만 인지하는 상황에서는 혁신을 이끌어가자고 주장한다면 자신만 지칠 것이다. 여러분의 조직은 어떠한 IT 리더를 원하고 있는가?

PI(Process Innovation): 프로세스 혁신이라고도 한다. 기업의 업무 프로세스 전반에 대해 모든 조직이 참여해서 기존 수행 관행을 무시하고 근본부터 다시 생각하며 문제점과 개선할 점을 찾는다. 이를 토대로 전체 업무 프로세스를 재설계하고, 새로운 프로세스 수행을 위해 조직을 개편하며, 관련된 IT 시스템의 개선 또는 재구축을 실행하는 일련의 활동이 포함된다.

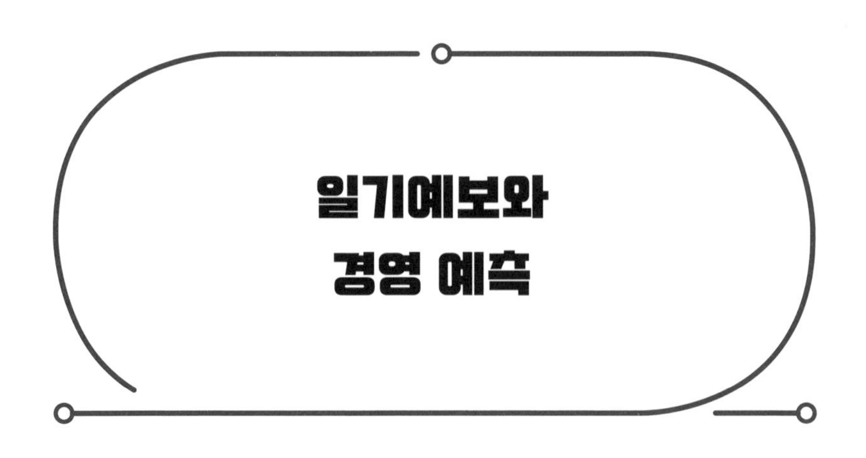

일기예보와 경영 예측

2019년 가을에는 유난히 태풍이 많았다. 그런데 2012년에도 늦여름에 태풍이 많이 지나갔다. 그 시작을 알렸던 태풍 볼라벤은 한반도를 스쳐 지나가면서 큰 피해를 남겼다. 태풍이 워낙 크기도 했거니와 한반도를 가까이 지나갈 거라고 예보해 많은 사람들이 크게 걱정했다. 그런데 태풍이 지나가자 뜻밖에 한 차례 소동이 일어났다. 기상청의 태풍 예상 진로가 다른 나라의 예상 진로와 차이가 있었다는 것이다. 이에 대해 조작 가능성까지 언급되었지만 기상청은 조작이 아니라 최대한 노력해 예측한 결과였다고 했다. 나 역시 조작이라고 생각하지는 않는다. 최선을 다해 노력했더라도 결과적으로 예측이 틀릴 수는 있다.

일기예보가 자주 틀린다고 불평하면서도 늘 뉴스에서 일기예보를 본다

이 사례뿐만이 아니라 일기예보의 예측이 틀리는 것은 종종 있는 일이다. 그럴 때면 슈퍼컴퓨터를 도입하고도 이 정도의 정확도밖에 안 되느냐며 많은 이들이 비난을 하곤 한다. 하지만 오히려 이러한 논쟁은 기상 예측이라는 것이 얼마나 복잡하고 어려운 일인지를 증명하는 사례라고 생각된다. 기압, 습도, 기온, 지형, 지표·해면 온도 등 기후에 영향을 주는 요인은 너무나 많은데, 측정할 수 있는 데이터는 상대적으로 적으며 모델링 역시 매우 어려운 일이기 때문이다.

그렇다고 일기예보를 포기해야 할까? 10년 전, 20년 전에 비해 일기예보의 정확도가 나아진 측면은 없을까? 아직도 일기예보는 자주 틀리는 것 같지만 정확도는 조금씩 나아지고 있다. 세계기상기구 회원국 중 전 지구 수치예보 정확도를 보고하는 나라는 11개국뿐이며, 그중 한국은 2017년 6위에 들었다고 한다.

그렇다면 일기예보의 정확도를 높이기 위해 투자한 금액은 얼마나 될까? 일단 슈퍼컴퓨터는 기본적인 모델링을 위한 하드웨어일 뿐이다. 거기에 탑재되는 기상모델링 소프트웨어 개발, 전국 각지에 위치한 각종 기상자료 수집체계, 기상레이더, 그리고 막대한 금액이 드는 기상위성까지 오랜 기간 동안 엄청난 금액이 투자되었다. 또한 수많은 사람들이 예측의 정확성을 높이기 위해 노력했을 것이다. 그런데도 아직 완벽한 예측은 불가능하다.

이제 기업의 경영 예측에 대해 생각해보자. 기업의 경영자들은 미래에 대한 궁금증이 매우 많다. 향후 유가는 어떻게 될까? 원자재 시장은? 우리 제품 매출에 영향을 주는 요인은 어떻게 변할까? 하지만 지금까지 정보시스템은 지나간 과거의 데이터를 잘 정리하고 보여주는 데 머물러 있다. 물론 지나간 데이터를 잘 정리해 보여줌으로써 사용자가 미래를 예측할 수 있는 기반을 마련해주기는 한다. 하지만 객관성이 부족하고 미래에 대한 모델링이나 시뮬레이션, 그리고 데이터에 기반한 예측은 미흡한 상황이라고 볼 수 있다.

기업에서도 이제는 예측의 중요성을 깨닫고 정보시스템에 대한 투자와 개선하려는 노력이 필요하다고 본다. IT 하드웨어는 이미 발전이 한계에 다다랐다. 소프트웨어 또한 점점 혁신의 속도가 늦어지고 있다. 최근 화두로 꼽히는 클라우드, 모바일, 소셜 및 빅데이터는 이러한 기존 하드웨어 및 소프트웨어 시장에 많은 변화를 요구하고 있다.

수많은 데이터들이 모바일 기기에서 생성되고, 소셜 네트워크를 통해 확산되며, 클라우드 서비스를 통해 저장되고, 빅데이터를 기반으로 분석할 수 있는 체계가 갖추어지고 있다. 이제 정보시스템은 각각 독립적인 시스템이 아니라 지구의 기상 환경처럼 유기적으로 연결되고 상호작용하는 통합된 체계로 발전하고 있는 것이다. 특히 기존에는 파악이 불가능했던 정보들이 모바일 기기와 소셜 네트워크를 통해 생성·유통되기도 한다.

IT 기술은 예측 정확도를 높여가는 방향으로 발전할 것이다

이제는 이러한 통합된 체계를 기반으로 경영 예측을 위한 시스템 구현에 본격적으로 노력해볼 수 있는 환경이 조성되고 있는 것은 아닐까? 인터넷상의 다양한 사이트(검색, SNS, 전자상거래 등)로부터 대규모의 데이터를 수집할 수 있는 체계를 구축하고, 이를 분산 컴퓨팅 기법으로 처리할 수 있는 분석시스템을 구현하면 사회 전반에서 일어나는 다양한 상황에 대한 예측 모델을 만들고 적용할 수 있다. 한 예로 사람들의 검색어 패턴으로 전염병의 확산을 예측하는 것도 가능하다고 한다. 이런 시스템에서 모바일과 소셜 네트워크는 마치 전국 곳곳에 설치된 기상 측정소의 역할을 하며, 클라우드 시스템은 대규모 데이터에 대한 분석 인프라를 제공하는 역할을 한다. 빅데이터는 기상위성과 같이 높은 관점에서 데이터를 분석해 향후의 움직임과 변화를 모델링하고 예측할 수 있을 것이다.

특히 마케팅은 예측 정확도의 비약적인 향상을 이룰 수 있는 분야다. 이미 많은 기업에서 소셜 네트워크 분석을 통해 마케팅에 활용할 정보들을 가공하고 있다. 또한 많은 회사에서 고려하고 있을 테지만 영업 수요 예측도 생각해볼 수 있는 분야다. 유가 같은 원자재 가격의 등락 예측도 기업 경영에 아주 중요한 요소다. 하지만 이 부분은 좀 더 어려울 것이다. 유가와 원자재 가격은 주식 가격의 예측과 같이 인위적인 행동이 결과에 민감하게 작용하는 카오스적인 측면이 있으므로 예측이 쉽지 않다. 하지만 소셜 네트워크와 빅데이터를 활용해 다양한 분석 및 예측을 시도하는 과정에서 좋은 모델을 찾아낼 가능성도 있다. 만약 경영 환경에 대해 현재보다 더 나은 예측을 할 수 있다면 매우 큰 혜택을 볼 수 있을 것이다.

이러한 시도가 초기부터 성공적일 수는 없다. 오히려 초기 예측의 부정확성으로 인해 시스템을 통한 경영 예측에 대한 비판론만 더 굳건해질 수 있다. 하지만 이럴 때 일기예보를 생각해보라. 그렇게 오랫동안 정확도를 높이기 위해 끊임없이 노력하고 막대한 투자를 해왔지만 여전히 자주 틀린 예보를 한다. 만약 100% 정확한 예측이 불가능하다는 이유로 기상 관측과 일기예보가 필요 없다고 했다면 오늘날까지도 옆집 어르신의 관절통에, 저녁 노을의 색깔에, 제비의 움직임에 내일의 날씨가 어떨지 짐작하고 있었을 것이다.

✅ **카오스(Chaos):** '중국에서 한 나비의 날갯짓이 미국에 토네이도를 불러올 수 있다.'로 상징되는 자연의 혼돈계. 수많은 요인들이 관련되어 결과를 만들어내며 아주 작은 한 요인의 변화로 인해 추후 예측하기 힘든 결과를 가져온다는 체계다. 일기예보는 너무나도 많은 요인들이 서로 연관되어 있어 자연계에서 카오스계의 대표적인 분야로 알려져 있다.

제3의(3rd) 플랫폼과 그룹웨어

기업 내에는 많은 정보시스템이 있다. ERP(전사적 자원관리), CRM(고객관리), MES(생산관리), SCM(공급망관리) 등의 정보시스템은 제조기업에서 비즈니스의 중추적인 역할을 담당하고 있는 시스템으로, 그 중요성은 회사의 경쟁력을 좌우할 수 있는 수준이다. 그 외에도 많은 시스템들이 있다.

그런데 업무에 핵심적인 이런 시스템 중에서 장애 발생 시 시스템 운영 담당자를 가장 힘들게 하는 것은 무엇일까? 그건 어쩌면 그룹웨어일지도 모른다. 그렇다고 그룹웨어가 기업에서 가장 중요한 IT 시스템인 것은 아니다. 다만 사용자층이 너무 광범위한 게 문제다.

그룹웨어는 조직 내에서 가장 넓은 범위의 사용자층을 가진 정보시스템이다

기업 내에서 그룹웨어의 사용자층은 대표이사부터 신입사원까지 전체 직원이다. 전체 직원이 반드시 사용해야 하는 정보시스템은 의외로 많지 않다. ERP는 각 기능별로 해당 업무와 관련된 직원들만 제한된 권한 내에서 사용한다. 다른 정보시스템들도 대부분 유사하다.

하지만 그룹웨어의 주요 기능은 메일, 결재, 게시, 문서관리, 메신저 등으로 전 직원이 사용해야 하는 것이다. 특히 팀장이나 임원의 경우에는 유일하게 사용하는 정보시스템이 그룹웨어인 경우도 많다. 그렇기에 ERP 같은 업무시스템의 장애는 해당 시스템을 사용하는 일부 실무자들이 1차적으로 어려움을 겪지만, 그룹웨어의 장애 발생 시에는 임원들도 바로 장애 발생 사실을 알 수 있다. 그리고 그에 대한 반응은 직접적이고 강력하다. 시스템 장애가 발생한 지 몇 분 만에 CEO가 "IT 부서는 시스템 운영을 왜 이따위로 하는 거야?"라는 반응을 보일 수 있으니 말이다.

사실 그룹웨어는 중요한 시스템이다. 사무직 근로자의 업무 수행 환경이자 협업도구이며, 업무 진행을 위한 워크플로(업무 절차를 차트처럼 시스템화한 것)의 역할도 담당하고 있다. 모든 업무 수행의 근거가 담겨 있는 기록 보관소이기도 하다. 그래서 대부분의 기업들이 모두 도입해 사용하고 있으며 일반적으로 회사에서 가장 많은 사용자를 보유하고 있다. 언제 어디서든 이용해야 하므로 모바일 정보시스템의 구현 시에 가장 우선적으로 추진된 분야도 그룹웨어다. 하지만 이런 그룹웨어가 도입된 지 벌써 20년 가까이 흘렀다. 도입이 빨랐던 기업들은 1990년대에 이미 도입했고, 비교적 도입이 늦은 기업이라고 해도 2000년대 초반에는 도입한 시스템이다. 그리고 현재는 많은 기업에서 그룹웨어 기능의 일부를 모바일 기기에서도 활용할 수 있도록 모바일 서비스를 구현하고 있다.

PC 중심의 1st 플랫폼, 네트워크 기반의 2nd 플랫폼, 그리고 모바일 중심의 3rd 플랫폼

하지만 이제 그룹웨어에도 변화가 필요할 때다. 나는 언젠가 시장분석기관인 IDC가 주관하는 컨퍼런스에서 제3의(3rd, 써드) 플랫폼에 대한 발표를 들었다. 첫 플랫폼인 PC와 제2의 플랫폼인 웹 기반에서 모바일, 소셜 네트워크, 클라우드, 빅데이터를 주축으로 하는 제3의 정보시스템 플랫폼에 대한 내용이었다. 나는 그 발표를 들으며 그룹웨어가 앞으로 가야 할 길을 생각해보게 되었다. 내가 속한 기업의 그룹웨어도 도입한 지 이미 10년 가까이 된 플랫폼이다. 물론 그전에 사용하던 시스템을 업그레이드한 것이다.

다른 기업과 마찬가지로 웹 기반의 PC 환경이 주 플랫폼이고 3년 전부터 PC 기반의 일부 기능을 모바일 기기에서 사용할 수 있도록 모바일 그룹웨어 서비스를 개발해 제공하고 있다. 그리고 이미 차세대

3rd 플랫폼

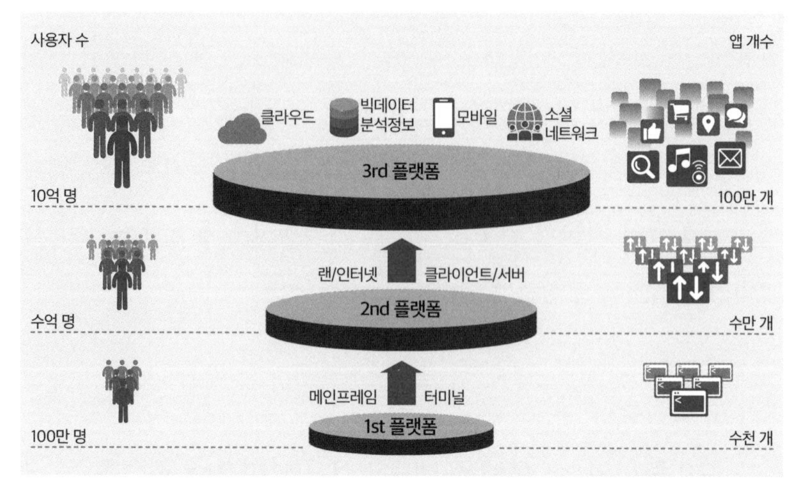

출처: CloudAvant

그룹웨어를 구현하기 위한 고민을 하고 있으며, 시스템 운영을 담당하고 있는 팀과 미래의 구현 전략에 대한 협의를 진행하고 있다. 그렇다면 향후 그룹웨어가 나아가야 할 방향은 어떤 모습일까?

가장 먼저 누구나 공감할 수 있는 방향은 모바일 기기, 즉 스마트폰과 태블릿을 메인 단말기로 활용하는 것이다. 지금처럼 PC가 주 단말기이고 모바일이 보조가 아니라, 모바일이 주 단말기이고 PC가 보조가 되는 모습이다. 이것이 가지는 의미는 매우 크다. 무선통신, 센서, 카메라, 동작인식, 음성 인터페이스, 위치기반 등의 요소들이 복합적으로 적용된, 사람 중심의 UX를 기반으로 하는 새로운 그룹웨어를 의미한다. 텍스트 기반의 정보 이외에 전화와 화상회의를 통합하는 모습이 될 것이다. 또한 HTML 5(웹 프로그래밍 언어 HTML의 최신 규격)

와 같은 표준 UI를 활용해 단말기에 구속되지 않는 인터페이스를 제공하는 것이 바람직하다. 향후 모바일 기기에 대한 지급 정책이 어떻게 발전할지 속단할 수는 없으나 현재까지는 BYOD 정책이 가장 유력하다고 생각되기 때문에 사용 가능한 단말기의 제약은 피해야 한다.

그다음으로는 소셜 네트워크의 통합과 UI의 고도화다. 오늘날의 그룹웨어는 사내 메신저 및 파일 송수신 기능을 기본적으로 제공하고 있다. 하지만 향후 사내 소셜 네트워크 또는 페이스북, 카카오톡 등과 같은 외부 플랫폼과의 연계가 필요하다. 텍스트 기반 커뮤니케이션 이외에 UC(Unified Communication) 기능의 통합까지 필요할 것이다. 모바일 기기의 기본적인 기능인 영상·음성 통신 기능을 그룹웨어의 기본적인 통신 기능으로 채택할 것이기 때문이다.

한발 더 나아가 음성인식을 통한 인터페이스의 가능성도 충분하다고 본다. 처음 애플의 시리 서비스를 보았을 때 들었던 생각이 '이거야말로 정보시스템의 궁극적인 인터페이스다!'라는 것이었다. 회사에서 관리자들이 가장 많이 사용하는 인터페이스가 "김 대리, 지난주 우리 회사 제품의 매출과 손익이 어떻게 되지?" 아닌가.

여기에 최근 가장 관심 많은 키워드인 빅데이터의 활용을 빼놓을 수 없다. 그룹웨어는 기본적으로 문서관리와 결재함 서비스를 제공하며, 텍스트 기반의 검색엔진을 연계해놓기도 한다. 향후 10년을 바라볼 때 이 기능은 텍스트 기반의 빅데이터 분석 기술의 발전을 자연스럽게 받아들일 수 있게 하는 것이다. 좀 더 발전시켜 회사 내부에 존재하는 수많은 비정형 정보들을 분석해 음성인식 인터페이스를 통한 질문 또는 검색 명령에 반응하는 기능까지 더해질 수 있다. 이 기능을 모바일 기기를 통해 언제 어디서든 활용할 수 있다면 회사의 전문 비서를 늘 대동하고 다니는 것과 같을 것이다. 그야말로 사무직 실무자에겐 꿈과 같은 기능이 아닐까?

앞에서 언급한 많은 기능들을 구현하고 운영하는 것을 모두 자체적으로 해야만 하는 건 아니다. 클라우드 서비스의 적극적인 활용이 모색될 수 있다. 1차적으로 스토리지와 서버 등의 하드웨어 인프라는 외부 클라우드 서비스를 활용할 수도 있고 빅데이터 분석도 클라우드 형태로 활용할 수 있다. 그리고 메일, 게시, 음성인식처럼 표준화할 수 있는 서비스는 퍼블릭 클라우드의 서비스도 활용 가능하다. 결재의 경우에는 클라우드 서비스를 활용하기에 어려움이 있겠지만 이 또한 나중에는 상황이 바뀌어 어떻게 활용될지 모를 일이다.

IT 분야는 늘 상상을 현실로 만들어왔다. SF 영화에나 나오던 장면들이 현실에서 누구나 할 수 있는 일이 되도록 기술이 발전해왔기에 여기서 언급한 내용들 역시 충분히 현실에서 볼 수 있는 날이 올 것이다. 그리고 어쩌면 그리 멀지 않은 미래에 구현될 수도 있다. 하지만 IT 기술이 고도로 발달해 이런 기능들이 모두 구현된 미래가 온다고 해도 그룹웨어를 운영하는 시스템 담당자들의 스트레스를 해결해주진 못할 것이다. 시스템 장애가 발생하면 고도로 발달한 통신 시스템을 통해 임원들의 호통을 듣게 되진 않을까?

✅ CRM(Customer Relationship Management): 고객관리. 기업의 고객에 대한 정보 및 업무 관계, 사업 이력과 기타 고객과 관련된 정보를 집중적으로 관리하는 정보시스템이자 영업부서 및 마케팅부서를 위한 정보시스템이다.

✅ MES(Manufacturing Execution System): 생산관리. 제조업 회사의 경우 공장에서 제품 생산과 관련된 일련의 생산 활동 및 실적, 제조 공정 진행과 품질 등을 종합해 관리하는 시스템으로, 제조업에서 생산을 위한 핵심 시스템이다.

✅ SCM(Supply Chain Management): 공급망관리. 원료의 효율적인 조달과 생산 설비 운영, 제품의 물류까지 전체 최적화를 위해 관련 프로세스를 조율하는 중심 시스템이다.

✅ UX(User experience): 모바일 기기에서 다양한 기능이 사용자 관점에서 사용되는 패턴을 전체적인 관점에서 일컫는 말이다. 화면, 소리, 진동, 움직임, 에니메이션 등 모든 사용자 인터페이스가 사용자에게 어떻게 사용되어 정보를 전달하는지에 대한 일련의 과정을 의미한다.

✅ UI(User Interface): 전통적인 관점에서 애플리케이션의 화면을 의미하나, 모바일 기기와 같이 다양한 인터페이스 방식이 존재하는 경우도 포함한다. 다만 UI는 UX에 비해 정적이고 단편적인 측면을 의미하는 경향이 있다.

✅ BYOD(Bring Your Own Device): 업무 수행을 위한 IT 기기를 회사 자산으로 구매해 지급하는 것이 아니라 임직원들이 개인적으로 구매해 사용하도록 하는 정책이다. 회사 입장에서는 관리의 부담을 줄이고 임직원 입장에서는 선호하는 기기를 사용할 수 있으나 보안을 위한 합의 및 원칙 수립이 필요하다.

✅ UC(Unified Communication): 전화, 팩스, 이메일, 핸드폰, 메신저, 영상통화, 음성메일 등 다양한 커뮤니케이션 도구를 단일한 플랫폼으로 제공하는 것을 뜻한다.

CDO의 의미와 역할, 그리고 CIO

CDO라는 말을 들어봤는가? 구글에서 CDO를 입력하고 검색해보면 가장 먼저 검색되는 것은 '부채 담보부 증권(Collateralized Debt Obligation)'이다. 물론 이 글에서 의미하는 CDO는 최고 디지털 책임자(Chief Digital Officer)다. 그만큼 CDO는 아직까지 일반화된 용어가 아니다. 하지만 최근 들어 CDO에 대한 관심이 점차 높아지고 있다. 위키피디아에서는 CDO에 대해 "CDO는 기업의 전통적인 아날로그 비즈니스를 디지털로 전환해 기업의 성장을 이끌며, 웹 기반의 정보 관리 및 마케팅을 포함해 모바일 애플리케이션, 소셜 미디어와 같이 급변하는 디지털 영역에서의 비즈니스 운영을 관장하는 역할을 하는 인물"이라고 정의한다.

비즈니스에서 디지털 전환의 영역이 확대되면서 새로운 역할의 임원이 필요해지고 있다

정의만 보면 CDO는 기존의 CIO와 역할이 비슷해 보인다. 그렇다고 또 완전히 같은 역할은 아니다. CDO와 CIO의 가장 큰 차이점은 무엇일까? 모바일과 소셜 네트워크에 중심을 두고 있다는 것과 마케팅에 무게중심을 더 둔다는 것이 기존의 CIO와 다른 점이다.

기존의 CIO는 전통적인 기업 내부의 정보시스템 운영 방식에서 발전되어온 역할이다. 내부 정보시스템의 효율화와 개선, 운영이 핵심 영역인 셈이다. 웹의 발전 이후 점차 정보시스템 영역이 고객과 관계사 영역으로 확대되었지만 여전히 무게중심은 내부 정보시스템의 IT 기술 영역에 있다. 그러나 CDO는 모바일의 급속한 성장과 이에 기반한 소셜 네트워크의 사회적 영향력 확대라는 시대적인 상황 속에서 등장한 역할이다. 정보시스템이라는 구체적인 IT 영역이 아닌 디지털에 기반한 사회적인 변화와 이에 따른 비즈니스의 변화를 효과적으로 조율하고, 기업의 비즈니스 변신을 주도하는 역할을 하는 위치에 있다고 볼 수 있다.

물론 국내 기업에서 아직까지는 CDO가 일반적인 포지션은 아니고 나 역시도 CDO 역할을 수행하는 사람을 실제로 본 적은 없다. 하지만 CDO라는 개념이 왜 등장했으며 관심의 대상이 되고 있는지에 대해 IT를 담당하고 있는 입장에서 한번 생각해볼 만한 문제라고 생각한다.

디지털이 세상을 바꾼다는 생각은 이제 새로운 것이 아니다. IT 변화에 대해 예전에는 기업이 가장 주도적이었는지 모르겠지만 최근의 IT 트렌드를 고려하면 이제는 꼭 그렇지도 않다. 오히려 최근 IT 트렌드 변화는 일반 사용자가 주도하고 있다. 모바일이 그렇고 소셜 네트워크가 그렇다. 이러한 시대적인 상황에서 기존의 CIO로서는 효과적인 대응이 쉽지 않다는 판단에 따라 새로운 대안으로 CDO라는 역할이 떠오른 게 아닐까?

예를 들어 한번 생각해보자. 국내에 카카오톡이 처음 등장했을 때 이에 대해 관심을 가진 기업은 거의 없었다. 그러다 카카오톡이 사용자들 사이에서 인기를 얻어 급격히 성장하자 이동통신사들은 단순히 문자메시지 수익이 줄어들 것을 염려했다. 기존 이동통신사의 관점에서 카카오톡은 문자메시지 서비스로만 이해된 것이다. 카카오톡의 성장이 계속되자 이동통신사에서는 망 사용을 제한하려는 움직임이 있었다. 그러나 이에 대한 소비자들의 반발로 현실화되지는 않았다. 그 후에 카카오톡에 대항하는 별도의 통합 문자메시지 서비스를 개발했으나 결국 대중화에 실패했다. 이동통신 서비스와 관련해 이동통신사에 전문가가 없어서 이런 상황이 발생했으리라 생각하지 않는다. 오히려 그 반대일 수는 있다.

결국 이 사례는 기술 중심적인 관점에서는 최근 디지털 트렌드의 변화에 대응하고 앞서 나가는 것이 쉽지 않음을 의미한다. 문제는 기술적인 해석이 아니라 이를 받아들이게 될 사용자들의 해석과 반응을 파악하고 대응할 수 있어야 한다는 것이다. 기존의 CIO로는 한계가 생길 수 있는 일이다. 이것이 마케팅과 소셜 네트워크에 대한 대응 능력이 중요시되는 CDO가 등장하게 된 배경이다.

카카오톡의 성공을 예로 들었지만 사실 카카오톡도 초기에는 급격한 사용자 증가에 비해 수익이 크게 증가한 것은 아니었다. 초기 사용자는 빠르게 늘었으나 수익은 늘지 않아 적자로 운영될 수밖에 없었다. 그러다가 카카오톡에 모바일 게임을 연결시키면서 문자메시지 서비스와 게임이라는 별로 관계없어 보이던 두 분야가 소셜과 게임의 접목이라는 대단히 성공적인 사례를 만들게 되었다. 이는 디지털을 기반으로 한 비즈니스 모델의 변화를 통해 기업 성장을 이끌었다는 측면에서 CDO의 역할이 지향하는 바를 명확히 보여주는 사례로 꼽을 만하다.

CDO의 필요성은 기업의 상황에 따라 다르며 CIO의 변신도 함께 요구된다

물론 모든 기업에서 CDO의 필요성이 같지는 않을 것이다. B2C 기업이나 인터넷 비즈니스 기업처럼 CDO가 특별히 더 중요한 역할을 할 수 있는 기업도 있고 그렇지 않은 기업도 있다. 그러나 오늘날 어떠한 형태로든 고객 또는 외부와의 관계에서 인터넷과 소셜을 무시할 수 있는 기업은 없다. 비록 전담 CDO가 필요하지 않다고 하더라도 기존의 CIO는 이에 대한 이해와 역량 제고가 필요할 것이다.

최근 기업 내의 IT 조직 무용론과 함께 CIO의 역할 축소에 대한 이야기가 흘러나오기도 한다. IT 기술 발전과 클라우드 서비스의 확대, BYOD의 확산, 사용자의 IT 능력 향상 등 여러 요인으로 인해 기존의 기업 내 IT 조직이 가지는 위상이 점차 축소될 것이라는 전망이 나온다. 내가 느끼기에는 이미 이러한 경향은 심화되고 있다. 그렇다면 CDO가 CIO를 대체하게 될까? 그렇지는 않을 것이다. 하지만 노력하는 CIO라면 CDO에 한번 도전해볼 만한 가치는 있다. 결국 변화에 적응하지 못하면 밀려나는 것이 현실이다.

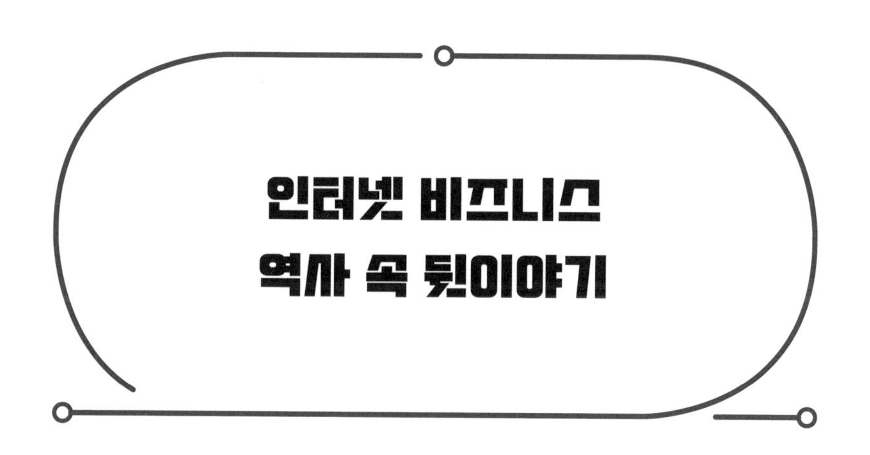

인터넷 비즈니스 역사 속 뒷이야기

오늘날의 인터넷과 웹 비즈니스의 발전 뒤에 숨은 초창기 인터넷 비즈니스의 재미있는 이야기를 소개해보겠다. 주요 IT 기업에 대한 내용으로, 가볍게 읽어볼 만한 에피소드다.

닷컴 열풍의 원조: 넷스케이프

1994년 미국 국립 슈퍼컴퓨터 응용센터 NCSA에서 모자이크 브라우저를 개발해 월드와이드웹의 시대를 연 마크 앤드리슨은 NCSA를 그만둔 뒤 무엇을 해야 할지 몰라서 작은 회사에 취업했다. 그런데 그는 왜 창업을 생각하지 않았을까? 회사를 창업해 벤처캐피털로부터 투자를 받고, 제품 또는 서비스를 개발해 수백만 명의 사용자를 확보하고, 주식시장에 상장해서 대박을 거두는 그런 프로세스 자체가 실리콘밸리에 없었기 때문이다. 이러한 사례를 최초로 만든 것이 넷스케이프였고 아직 마크 앤드리슨이 넷스케이프를 창업하기 전이었다. 이후 모든 벤처기업들은 넷스케이프가 걸어간 길을 따라가는 것을 목표로 하게 된다.

넷스케이프가 주식시장에 상장해 큰 성공을 거두고 지속적으로 사용자를 늘려가고 있을 때도 마이크로소프트의 빌 게이츠는 인터넷과 웹에 큰 관심이 없었다. 빌 게이츠는 당시 미국 IT 업계를 지배하던 '초고속 정보통신망(Information Super Highway)'의 주인공은 웹과 인터넷이 아니라 TV라고 믿고 있었기 때문이다. 그 이유는 당시 최대 14.4Kbps 정도의 속도만 가능한 전화선으로는 미래에 필요한 통신 대역폭을 확보하기 어렵다고 생각했던 것이다. 하지만 이후 빌 게이츠는 생각을 바꿔 인터넷 익스플로러를 무상으로 배포하면서 넷스케이프의 몰락을 주도하게 된다. 하지만 마이크로소프트는 이후에도 인터넷 분야의 주도권을 가져오지는 못한다.

호랑이 새끼를 키우다: 구글

빌 게이츠는 스탠퍼드대학교에 건물을 지을 수 있도록 600만 달러를 기증했다. 그러면서 언젠가는 이 건물에서 마이크로소프트를 능가할 회사를 만들 인재가 배출되길 희망한다고 말했다. 그 스탠퍼드대학교 내의 건물은 '윌리엄 게이츠 컴퓨터 사이언스 빌딩'이고 그 건물의 한 사무실에서 같이 공부하던 두 학생이 나중에 회사를 세우

게 된다. 그 두 학생의 이름은 바로 세르게이 브린과 래리 페이지(구글의 공동 창업자)다.

구글이 한창 초기 성장세를 구가할 무렵, 구글의 CEO를 새로 뽑으려 할 때 브린과 페이지가 원하는 1순위 후보는 스티브 잡스였다고 한다. 그런데 스티브 잡스가 올 리가 없으니 대신 선발했던 인물이 바로 에릭 슈미트였다.

스티브 잡스의 잘못된 고집: 아이튠스

MP3 플레이어가 대중화되기 시작한 초기에 애플에서 근무했었던 직원 2명이 개발한 음악 라이브관리 및 재생 프로그램 사운드잼(SoundJam)을 애플이 2000년 3월에 매입했다. 사운드잼은 당시 최고로 인기 있었던 사운드 재생 프로그램인 윈앰프와 유사한 것이었다. 그리고 이 프로그램을 2001년 1월 9일 맥월드 컨퍼런스에서 아이튠스(iTunes)로 발표한다. 스티브 잡스는 비록 인터넷 닷컴 폭발기에는 별로 관여하지 못했지만 이후 PC는 미디어 허브가 될 것으로 예측했고 그 중심을 음악이 차지할 것이라고 생각했다.

한편 아이튠스는 당시 맥에서만 실행되었는데, 윈도우에서도 실행할 수 있도록 해야 한다는 회사 내부의 주장에 대해 스티브 잡스는 "내 눈에 흙이 들어갈 때까진 안 된다."라며 강하게 반대했다. 그러나 결국 굴복하고 2003년 10월에 아이튠스 윈도우 버전을 발표한다. 이것을 계기로 애플은 세계에서 가장 이익이 많이 남는 회사가 된다. 그런데 세계 최초로 휴대용 MP3 플레이어를 만든 회사는 우리나라 기업인 디지털캐스트였다. 하지만 후발주자인 애플에 MP3 플레이어 시장의 주도권을 빼앗긴 아쉬운 역사가 있다.

비디오 대여 연체의 결과: 넷플릭스

오늘날 전 세계를 주도하고 있는 미디어 스트리밍 서비스 기업 넷플릭스. 넷플릭스 창업자 리드 헤이스팅스가 넷플릭스를 창업한 계기는 〈아폴로 13〉 DVD를 대여했다가 연체하면서 연체로 40달러를 낸 것이라고 한다. 정확히는 기존 DVD 대여 시스템의 문제점에 대한 개선을 통해 사업 가능성을 본 것이 계기라고 할 수 있다.

벤처 신화의 탄생: 페이팔

페이팔을 1999년 7월에 최초로 설립한 피터 틸은 2000년 3월 비

인터넷 역사의 주요 사건들

1969 아르파넷
1973 FTP & TCP/IP
1976 이더넷
1982 인터넷
1990 World-Wide-Web
1994 넷스케이프, 야후, 아마존닷컴
1995 이베이, 자바, 라이코스, AOL
1998 구글
1999 마이스페이스, 냅스터
2003 아이튠스
2004 페이스북
2005 유튜브
2009 빙(bing)
2010 인스타그램

출처: blendspace

슷한 서비스를 하던 엑스닷컴(X.com, 일론 머스크가 설립)과 합병되고 2002년 2월 15일 상장해 크게 성공한다. 그땐 많은 이들이 닷컴 버블 붕괴로 심각한 트라우마가 있을 때라 분위기가 좋지 않았음에도 불구하고 성공했으니 대단한 것이다. 그 후 이베이가 페이팔을 15억 달러에 매입함으로써 대박 신화를 현실로 만들게 된다. 그런데 이때 페이팔에 참여했다가 큰돈을 벌게 된 이들이 향후 그 돈을 가지고 투자한 회사들이 테슬라, 페이스북, 옐프, 링크드인, 유튜브, 얌머 등이다. 이들이 지금의 실리콘밸리를 좌우하는 페이팔 마피아들이다.

가십 언론, 대박을 터뜨리다: 드러지 리포트

CBS 스튜디오의 기념품점 점원이었던 매트 드러지는 1994년 헐리우드의 가십을 주로 다루는 이메일 뉴스레터를 시작했다. 그는 주로 일하다가 듣는 이야기 또는 CBS 쓰레기통에서 찾은 내용을 가십으로 전하는 일을 했다. 그러다가 1998년 1월 〈뉴스위크〉가 알고 있긴 했지만 진위가 의심스러워 보도를 보류한 루머를 처음으로 자신의 블로그에 올렸다. 그 내용은 백악관에서 대통령이 인턴과 부적절한 행위를 했다는 것. 바로 빌 클린턴 전 미국 대통령 이야기였다. 그 후 6개월간 드러지의 블로그에는 매월 600만 명의 방문객이 방문했다. 이는 〈타임〉지를 능가하는 수준이었으며 이를 계기로 2007년 드러지 리포트(DrudgeReport.com)는 한 해 동안 수백만 달러의 광고 매출을 사이트에서 기록했다고 한다.

20대 청년의 성공 신화: 페이스북

넷스케이프가 상장될 때 마크 주커버그는 11살이었다. 그는 인스턴트 메시징 서비스인 AIM 헤비 유저였다. 최초의 소셜 서비스라고도 할 수 있는 프렌드스터(Friendster)가 등장할 때부터 사용했으며 냅스터(Napster)의 등장에 큰 영향을 받았다. 1999년 당시 15살로 고등학교 1학년이던 그는 인터넷에 처음으로 자신의 홈페이지를 만들며 다음과 같이 본인을 소개했다. "Hi, my name is … Slim Shady(에미넴의 앨범에 등장하는 인물로, 당시 주커버그가 랩 음악에 심취한 10대였음을 알 수 있음)." 그리고 그가 만든 페이스북을 10억 달러에 매각하지 않겠냐는 제의를 받았을 때 그는 겨우 23살이었다.

매스 미디어 시대가 저물다: 온라인 광고의 발달

1994년 웹에서 최초로 배너 방식의 광고를 도입한 후 전체 광고 매출액은 5천만 달러 수준이었고 1997년에 비로소 온라인 광고 매출이 10억 달러에 이른다. 당시 기업의 전체 광고시장 규모는 600억 달러였다. 그러나 2015년 전체 디지털 광고시장의 규모는 596억 달러로 성장한다. 2018년 기준 국내 광고시장은 전체 시장 중 인터넷과 모바일이 4조 원이 넘는 규모로 전체 광고시장의 35% 정도를 차지하고 있다.

아마존, 이베이 기업명의 유래는?

MakeItSo.com, Relentless.com, Cadabra.com, Browse.com,

Bookmall.com, 그리고 Aard.com, Awake.com… 이 도메인들은 아마존 CEO 제프 베조스가 자신의 웹사이트의 이름이 결정되기 전 후보였던 이름들이다. 결국 기업명을 아마존으로 결정한 이유는 A로 시작하는 단어이면서 아마존이 세계에서 가장 큰 강이기 때문이었다고 한다.

이베이(eBay)는 왜 이베이라고 이름을 지었을까? 창업자 피에르 오미디야르는 이숍(eShop)이라는 기업의 창립 멤버였는데 이를 마이크로소프트에 팔고 백만장자가 되었다. 그 후 프리랜서 겸 컨설턴트로 일하고 있었는데 그때 자신의 1인 기업 이름을 에코베이 테크놀로지 그룹(Echo Bay Technology Group)이라고 부르고 있었다. 그런데 인터넷 도메인으로 에코베이(EchoBay)를 등록하려고 하니 이미 누군가 등록을 한 상황이라 더 짧게 줄여서 이베이(eBay)라고 도메인을 등록하고 웹사이트를 운영하게 되었다. 그러다가 인터넷을 통한 경매 아이디어가 떠올랐고 이를 구현한 웹사이트를 자신이 운영하고 있던 기존 웹사이트에 올렸는데 URL이 eBay/aw였다. 처음 이름이 옥션웹(Auction Web)이어서 aw가 붙은 형태다. 후에 투자를 받고 사업을 본격화하면서 이베이 웹사이트의 다른 내용은 모두 버리고 경매 서비스 사이트의 이름을 이베이로 바꾼다.

여기에 실린 내용은 브라이언 맥컬로우의 『인터넷에서 어떤 일들이 있었나(How the Internet Happened)』에 나온 이야기 중 일부다. 마지막으로 나의 개인적인 에피소드를 소개하는 것으로 마무리하겠다.

1990년 중반, 국내에 아직 인터넷 벤처 열풍이 불기 전 나는 한 공공기관 프로젝트를 수행했다. 당시 해당 공공기관에 한글 정보검색 시스템과 전자우편 시스템을 구축하는 프로젝트였다. 나는 정보검색 프로젝트 파트장을 담당하고 있었다. 해당 정보검색 시스템은 성공적으로 구축되었고, 그 후 검색 프로젝트 파트의 팀원은 회사에서 새롭게 만든 사내 벤처 프로그램을 통해 작은 벤처로 독립을 했다. 그때 나는 회사 내 다른 프로젝트에 참여하게 되면서 사내 벤처에 참여하지 않았다.

그 후 그 사내 벤처에서는 웹 기반 정보검색 시스템을 오픈했고 이름을 '웹 글라이더'라고 명명했다. 이 사내 벤처가 후에 네이버의 모태가 된다. 물론 당시 사내 벤처에 참여했던 분들은 모두 큰 성공을 거둔 셈이다. 아직도 가끔 아내는 나에게 아쉬운 투로 이야기하곤 한다. 왜 그때 그 팀을 따라 나가지 않았느냐고. 나도 가끔씩 상상해본다. 그랬다면 내 인생은 지금 어떻게 되었을까?

기업 내 소통 부족이 시스템의 문제인가?

몇 년 전에 개봉한 영화 〈마션〉은 소설가 앤디 위어의 베스트셀러 소설을 영화화한 것이다. 나는 소설책을 먼저 접했고 아주 재미있게 읽었다. 그리고 소설가의 엔지니어링과 과학에 대한 체계적인 지식에 감탄하기도 했다. 나중에 알게 된 사실이지만, 앤디 위어가 원래는 프로그래머였고 프로그래머로 일하면서도 소설가를 꿈꿔왔던 인물이었다는 것은 나에게 신선한 충격을 주었다. 물론 영화도 보았다. 어느 정도 예상은 했었지만 역시 소설의 재미를 제대로 담지 못했다는 생각이 들었다.

〈마션〉 이야기를 꺼낸 이유는 커뮤니케이션 부족이라는 문제를 시스템 측면에서 접근해보기 위함이다.

화성에 홀로 남겨진 마크 와트니에게는 아무리 느리고 비효율적인 통신수단이라도 간절했다

소설에서 화성에 홀로 남겨진 주인공 마크 와트니는 크게 세 가지 문제에 부딪힌다. 먼저 구조대가 올 때까지 살기 위해 먹어야 할 식량을 확보하는 일, 그리고 구조를 위해 필요한 위치까지 이동하는 일, 마지막으로 수천만km 떨어져 있는 지구와의 커뮤니케이션을 가능하게 하는 일이었다.

사실 커뮤니케이션을 가능하게 하려는 노력이 영화에서는 제대로 부각되지 않아 아쉬웠다. 마크 와트니는 커뮤니케이션을 위해 자신의 화성 기지에서 멀리 떨어진 패스파인더 착륙지까지 가서 오래된 탐사선을 회수해온다. 그리고 탐사선의 카메라만 이용해 매우 느리고 비효율적이지만 지구와의 의사소통에 성공한다. 비록 아주 느리고 비효율적이었지만 이를 통해 중요한 정보를 주고받았으며, 커뮤니케이션을 효율적으로 업그레이드하기 위한 방안을 전달받아 키보드로 텍스트 통신이 가능한 경지에 도달한다. 단순 텍스트 메시지를 왕복 24분이나 걸려야 주고받을 수 있었지만 간절하게 커뮤니케이션을 필요로 했던 주인공에게는 이조차도 생존과 귀환을 위한 충분한 커뮤니케이션 수단이 되었다.

회사 내에서 커뮤니케이션의 중요성을 강조하는 이들이 많다. 현재 회사 내에서 커뮤니케이션 수단으로 활용되고 있는 IT 인프라가 그룹웨어다. 그룹웨어라는 말이 적당한 용어인지는 의문이지만 아마도 기업 내의 IT 시스템 중에서 가장 사용자층이 넓고 가장 일상적으로 사용되는 시스템일 것이다. 앞에서도 다루었지만 이메일과 전자결재는 최상위 경영층부터 말단 실무자까지 모두 사용하는 유일한 시스템이다. 그리고 대기업에서 중소기업까지 대부분의 기업이 그룹웨어를 사용하고 있다. 이런 그룹웨어가 본격적으로 기업에 도입되기 시작한 지 20여 년이 지났다. 게시판, 전자결재, 이메일을 중심으로 하는 기존의 그룹웨어는 최근 소셜 네트워크와 모바일의 등장으로 인해 변화의 시기를 맞고 있다. 그리고 그런 변화의 물결이 여기저기에서 감지되고 있다.

여러 기업에서 소셜 중심의 협업 솔루션을 선보이는 추세다. 페이스북의 타임라인과 같은 형식을 중심으로 회사의 커뮤니케이션 및 업무 수행을 지원하는 시스템을 지향하고 있다는 것이 공통점이다. 그리고 일부 기업에서는 기업용 소셜 기반의 협업 서비스를 클라우드로 제공하고 있다. 세계적으로는 미국의 슬랙(SLACK)이 있다. 2018년에 4억 달러의 투자유치도 받아 70억 달러 수준으로 기업가치를 인정받고 있는 회사다. 특정 기업을 대상으로 하는 것이 아니라 소규모 그룹에서부터 나사(NASA)의 연구조직까지 다양한 규모의 팀이 협업을 위해 사용할 수 있는 플랫폼이라는 것이 슬랙의 주장이다. 유사한 서비스로 지금은 마이크로소프트에 인수된 얌머가 있다. 하지만 그리 성공적이었다고 평가받지 못한다. 과연 슬랙은 성공할 수 있을까? 그리고 기업의 소셜 기반 협업 환경은 기존의 그룹웨어를 대체해 기업의 효율적인 커뮤니케이션 수단으로 자리 잡을 수 있을까?

기업의 정보 공유 및 커뮤니케이션, 협업 등을 위한 수단으로 오래전에 지식관리시스템(KMS)이 대두된 적이 있다. 하지만 성공적으로 정착하지 못했다. 그 이유는 여러 가지가 있겠으나 사용자들이 절실하게 필요성을 느끼지 않았다는 것이 주요 원인 중 하나다. 전자결재는 업무를 위해 반드시 사용해야 하는 시스템이고 이메일 역시 기본적으로 반드시 사용하는 시스템이다. 게시판도 회사의 정보를 공유하는 기본 수단으로 정착되었다. 그렇다면 과연 슬랙이나 얌머 같은 소셜 기반의 협업 환경은 어떨까? 기업이 협업을 위해 필요한 커뮤니케이션 수단이 현재 부족한 상황일까? 기업 내 소셜 네트워크가 기업의 협업 환경 및 커뮤니케이션 활성화에 촉매 역할을 할 수 있을까?

조직 내의 커뮤니케이션 활성화는 시스템이 아니라 기업 문화가 좌우한다

기존 이메일의 문제점으로 업무 수행 정보의 개인화와 해당 인력의 퇴사 후 메일로 주고받았던 내용들이 사장된다는 점을 들 수 있다. 이 지적은 매우 중요하다. 지식관리시스템이 실패한 후 기업 내에서 문서관리시스템이 존재하기는 하지만 개인의 업무 수행 내역을 자세하게 담을 수 있는 수준은 아니다. 그리고 전자결재는 모든 업무 수행 과정 중 일부분의 내용만을 보존할 수 있을 뿐이다. 파일서버는 적극적으로 활용하는 직원이 아니라면 무용지물이다. 그래서 강제적으로

PC의 자료의 저장을 제한하고 중앙 서버에 저장되도록 시스템을 도입한 기업도 있었으나 성공적이라는 평가는 받지 못하고 있다. 소셜을 통한 업무 협업이 정착되면 거둘 수 있는 가장 중요한 변화의 핵심이 바로 임직원의 업무 수행 내역을 회사에 자산화할 수 있다는 점이다.

하지만 지식관리시스템의 실패에서 배울 수 있듯이 IT 시스템의 도입 후 원래 의도한 대로 이상적으로 사용자들이 반응하지 않을 수 있다는 점이다. 사용자들은 스스로의 필요성에 의해 움직인다. 카카오톡을 사용하는 이유도, 페이스북을 사용하는 이유도 마찬가지다. 회사이기에 강제성을 가질 수 있지만 이런 경우 십중팔구는 그 효과가 얼마 가지 못한다.

화성에 홀로 고립된 마크 와트니에겐 아주 단순한 텍스트 커뮤니케이션조차 목숨을 걸 가치가 있었다. 우리 주변을 한번 보자. 늘 온라인에 연결되어 있는 PC, 업무상 자신이 필요한 커뮤니케이션을 할 수 있는 그룹웨어, 회사 직원들과 개인적으로 사용하는 메신저와 소셜 인프라가 있다. 협업을 간절히 원하는데 수단이 부족한가? 아니면 협업을 위한 동기가 부족한가?

애플에서 페이스타임을 무료로 쓸 수 있게 오픈했을 때 많은 사람들이 열광했던 것이 기억난다. 지금은 모든 스마트폰에서 화상통화를 할 수 있다. 그런데 화상통화를 얼마나 사용하는가? 더구나 회사에서 공식적인 회의를 제외한 업무에 화상통화를 사용한 기억은 얼마나 있는가? UC가 가지는 여러 장점에도 불구하고 활성화되지 않는 이유는 무엇일까? 이 모든 것을 고민해보면 기업 내의 소셜 기반 협업 및 커뮤니케이션 인프라가 어떻게 전개되어야 하는지에 대한 방향성을 찾을 수 있지 않을까?

스마트워크라는 용어가 있다. 모바일 중심의 워크 스페이스를 의미하는 말이다. 하지만 진정한 스마트워크는 업무를 수행하는 당사자의 능력, 기업 문화, 성과에 대한 평가 체계 등등이 이상적으로 조합되어야 가능한 것이다. IT 인프라만으로 임직원을 스마트하게 일하도록 바꿀 수 없다. 우리는 화성에 고립되어 생존을 위해 커뮤니케이션을 간절히 원하는 마크 와트니가 아니다. 우리는 이미 충분한 커뮤니케이션 수단을 가지고 있다.

IT 종사자, 회사 짤리면 뭐 하지?

직장 경력이 30년 가까이 되다 보니 비슷한 연배의 동료들끼리 모이면 자주 화제가 되는 내용이 '직장생활이 끝나면 뭘 해야 할까?'다. 이제 슬슬 조직생활 이후를 고민해야 하는 시기가 다가오고 있는 것이다. 각자 속해 있는 부서마다 그동안 해왔던 일이나 전공 등이 상이하기에 생각하는 미래는 서로 다를 것이다. 그렇다면 IT 분야에서 잔뼈가 굵은 고참들은 어떤 '제2의 인생'을 그려볼 수 있을까?

직장인들의 퇴직 후 대세가 치킨집이라지만 그건 너무 슬프고 우울한 이야기니 관두도록 하자. 그보다는 IT 세계에서 반평생을 보낸 것에 걸맞은 미래를 그려보는 게 더 좋을 듯하다.

IT 분야에서 퇴직 후 고려해볼 수 있는 제2의 인생은 여러 가지가 있다

가장 먼저 떠오르는 것이 기술사나 감리사 자격증을 취득해 개인 자격으로 활동하는 것이다. 아는 선배들 중에 이렇게 기술사 취득 후 조직을 떠나 활발한 활동을 하고 계신 분들이 많이 있다. 문제는 기술사 자격증을 따기가 만만하지 않다는 점이다.

그다음으로 많은 분들이 컨설턴트의 길을 걷는다. 프리랜서 또는 개인사업자로 컨설팅 프로젝트에 참여하거나 강의를 하는 등의 활동을 한다. IT 분야의 경험을 최대한 살릴 수 있다는 점에서 좋은 방향이지만, 업무가 쉽지 않고 활동할 수 있는 나이에 제한이 있어 오래하기는 어렵다는 단점이 있다. 하지만 능력이 있다면 나이를 초월할 수 있으리라.

다음으로는 IT 관련 기술서적을 저술하는 것도 생각해볼 수 있다. 경험을 바탕으로 IT 분야에서 필요한 지식을 정리해 책으로 펴내고 이를 기반으로 강의를 함께하는 것도 조직생활을 떠난 후 일할 수 있는 좋은 사례다. 그러기 위해서는 책을 쓸 만한 지식과 경험을 갖추는 것이 중요하고 꾸준히 글 쓰는 습관을 들이는 것이 좋다. 그리고 경험이 쌓이면 IT 분야 이외의 영역으로 글쓰기를 넓혀갈 수도 있고 심지어는 소설을 쓸 수도 있다. 영화로까지 나왔던 『마션』의 작가인 앤디 위어는 AOL, 팜(Palm), 그리고 블리자드에서 프로그래머로 일했던 IT 엔지니어였다. 그런데 집필을 통해 충분한 돈을 벌 수 있을까? 그건

장담 못 하겠다.

전문 프로그래머로 활동하는 길도 있다. 환갑이 가까운 나이에도 자바 전문 프로그램과 강좌를 활발히 여는 분도 있다. 향후 이런 분들이 훨씬 더 많아져야 한다는 생각이 든다. 나도 회사 생활을 하면서 더 이상 코딩을 하지 않게 된 지 오래되었지만 조직을 떠난다면 다시 코딩을 시작해보고 싶은 마음이다. 나이에 관계없이 프로그래머로 활동할 수 있다면 정말 좋겠다는 생각이 들어서다. 미국에서는 머리가 희끗희끗한 프로그래머를 만나는 일이 어렵지 않다. 이제부터라도 많은 IT 고참들이 이런 대열에 합류할 수 있다면 좋겠다. 그런데 일감을 구하는 것이 아마 쉽지 않을 것이다. 하지만 오픈소스, 인터넷과 소셜, 앱스토어가 있는 세상에서 실력과 노력이 있다면 충분히 가능하지 않을까 싶기도 하다.

준비하는 자에게 기회는 온다, 평소에 할 수 있는 준비를 하자

조직에 몸담고 있는 사람들이라면 누구나 어느 순간에는 조직을 떠나야 하는 날이 온다는 것을 안다. 하지만 사람이 언젠가는 죽는다는 사실을 분명히 인지하면서도 마치 영원히 살 것처럼 하루하루를 무의미하게 보내듯, 조직생활을 하면서 그 이후의 생활에 대한 고민은 많이 하지 못하는 것이 현실이다. 물론 퇴직 후의 길을 미리 정확히 설계하고 준비하긴 어렵다. 하지만 늘 꾸준히 노력하고 준비하다 보면 앞에서 이야기한 여러 가지 가능성 중 어느 하나가 길이 될 수도 있고 또 전혀 다른 길이 열릴 수도 있다. 다만 조직 내에서 필요로 하는 능력과 그 이후에 필요로 하는 능력은 상이할 수 있기에 자신의 능력을 다양하게 확장하려는 노력은 필수다. 회사에서 임원까지 지내던 능력 있는 분들이 회사를 떠나면 스스로 할 수 있는 것이 없어 무척 힘들다는 이야기를 들으면 한편으로는 왜 그런지 충분히 이해가 된다. 작은 것부터 스스로 할 수 있는 능력을 잃지 않는 것이야말로 제2의 인생을 위해 가장 중요하다. 다음에 몇 가지 포인트를 정리해 보았다.

첫째, 자격증 취득에 관심을 가지자. 직장에서의 경력이 퇴직 후 유용할 수도 있지만 자격증이야말로 자신의 능력을 객관적으로 입증하는 방법이기 때문이다. 둘째, 늘 스스로의 능력으로 무엇인가를 할 수 있도록 노력하자. 조직에서 경력이 쌓여 직급이 오르면 대부분 지시와 의사결정만을 담당하게 되는데, 그 가운데서 개인으로서의 역량과 재능을 잃지 않도록 노력해야 한다. 셋째, 책을 손에서 놓지 말자. IT 분야는 끊임없이 변하는 분야다. 잠시라도 학습을 게을리하면 금세 뒤처지게 될 수 있다. 물론 오랜 경력에서 오는 직관은 보너스로 쳐두자. 넷째, 다양한 사람들과의 교류를 시도하자. 조직 내에서는 자신에게 일이 주어지지만 조직을 떠나면 일이 스스로 찾아오지 않는다. 스스로가 일을 찾아 다닐 수 있어야 하는데, 이때 가장 도움이 되는 것이 다양한 인간관계다. 마지막으로 기억 상실자가 되어 조직 내에서의 기억을 잊어버릴 수 있어야 한다. 자신의 조직 내에서의 위치가 주는 권위와 능력은 조직을 떠나는 순간 모두 사라진다. 갓 대학을 졸업했을 때의 자신으로 돌아갈 수 있어야 한다. 계급장 떼고 '나'라는 순수한 자신을 대면할 수 있어야 새로운 환경에서의 적응이 빠르다.

영화배우 제임스 딘이 했다는 유명한 말로 끝을 맺고자 한다.
"Dream as if you'll live forever. Live as if you'll die today."
(영원히 살 것처럼 꿈꾸고, 오늘 죽을 것처럼 살아라.)

한국 기업에 대한 혁신 유감

기업에 근무하다 보면 자연스럽게 익숙해지는 용어 중 하나가 혁신이다. 거의 모든 기업에 혁신을 담당하는 부서가 있고, 혁신 과제를 수행하고 있으며, 혁신과 관련해 정기적인 회의가 있을 뿐만 아니라, 혁신의 성과를 연중 평가에 반영한다. 대부분의 혁신 조직은 CEO의 직속 조직이거나 경영지원실 등 기업 경영의 핵심과 관련된 조직에 속해 있다. 그리고 혁신을 담당하는 임원은 전 부서와 그 업무에 걸쳐 큰 영향력을 발휘할 수 있는 위치에 있다. 그만큼 기업은 혁신을 중요하게 생각하고 혁신에 목말라 한다. 혁신은 경쟁사를 앞서거나, 새로운 시장을 만들거나, 기업이 성장하는 데 아주 중요한 수단이기 때문이다.

위키백과에는 혁신에 대해 이렇게 서술되어 있다. "혁신(革新)은 묵은 관습, 조직, 방법 등을 적절하다고 생각하는 방법으로 새롭게 바꾸는 것을 말한다." 이처럼 혁신은 무엇인가를 새롭게 바꾸어 기존보다 더 낫게 하는 것을 의미한다. 기술적인 의미의 혁신도 있고, 프로세스 측면의 혁신도 있으며, 조직과 제도에 관련된 혁신도 있을 것이다. 이렇게 혁신을 모든 기업에서 중요한 과제로 추진하고 있는데도 무엇이 문제이기에 대한민국의 기업들 중 혁신적인 기업이라고 평가받는 사례가 많이 나오지 않는 걸까? 애플, 페이스북, 구글, 테슬라, 이케아, 샤오미, 알리바바, 아마존, DJI, 넷플릭스 같은 기업은 무엇이 다르기에 세계적인 경쟁력을 가지게 되었고 급격한 성장을 거둘 수 있었을까?

혁신 피로감이 있다면
뭔가 문제가 있는 것이다

우리나라 기업에서 혁신 조직에 직접 가담했거나 혁신 조직에서 추진하는 혁신 과제를 수행해본 사람들이라면 공통적으로 무엇을 느낄까? 아마 '혁신은 직원들을 통제해 생산성을 높이며 업무 효율을 높이는 데 중점을 두고 있다.'라거나 '최고경영자 혹은 기업 오너에게 보여주기 위한 혁신 과제를 선정하고 실행하는 척한다.' 그것도 아니면 '실무자의 입장에서 검증되지 않은 수치 자료를 통해 혁신 과제의 성과를 부풀려서 대단한 혁신을 했다고 평가받으려 하지는 않는가?' 라는 생각을 해본 적이 있을 것이다.

'혁신 피로감'이라는 용어가 왜 생겨났을까? 혁신을 상당 기간 상부 경영층의 의지로 밀어붙인 기업에서 공통적으로 나타나는 혁신 피로감이란 실무자의 입장에서 의미를 느낄 수도 없고, 현 상황의 개선에 큰 도움도 되지 않으며, 때로는 실무를 진행하는 데 장애물로 느껴지기까지 하는 혁신 과제들이 있다는 뜻이다. 게다가 그 과제들의 강압적인 추진에 대한 반대를 대놓고 드러내지 못하는 상황을 말한다. 기업 경쟁력의 핵심이자 세계 일류기업들이 성장의 원동력이라고 하는 혁신을 전사적으로 추진하는데, 왜 정작 직원들은 혁신으로부터 희망을 발견하지 못할까?

위에서 언급한 혁신의 상징이라고 할 만한 선진기업들을 보면 대부분 기업의 오너가 혁신의 선봉에 선다. 애플의 스티브 잡스, 페이스북의 마크 주커버그, 구글의 세르게이 브린, 테슬라의 일론 머스크 등은 우리가 연예인 급으로 인지하고 있는 경영자이자 기업의 오너이며 혁신의 중심인물이다. DJI나 알리바바를 비롯한 중국의 기업들도 대부분 오너가 해당 사업분야에 전문적인 식견을 가지고 사업을 리드하고 있다.

반면 대한민국의 기업은 어떤가? 우리나라의 경제를 주도하는 대기업들은 다양한 계열사를 가진 대규모 그룹의 형태를 띠고 있다. 그 정점에는 오너가 있다. 하지만 오너가 그룹 계열사의 모든 사업 분야에 전문적인 식견을 가지긴 어렵다. 더구나 주요 대기업 오너는 비리와 스캔들로 휘청이고 기업의 대물림에 최우선의 노력을 하고 있지 않은가? 한때 모 그룹의 오너가 혁신을 외치며 그룹의 모든 면을 앞장서서 바꾸자고 했던 그런 모습을 요즘은 좀처럼 찾아보기 힘들다. "부자가 3대를 못 간다."라는 속담은 벗어나지 못하는 것일까?

혁신은 직원을 몰아붙이는 수단이 아니라 경영진이 앞장서야 하는 과제다

지금 대한민국은 절체절명의 위기상황이다. 중국의 급속한 경쟁력 향상과 미국의 소프트웨어적인 파워, 세계적인 경제침체 상황에서 각국의 보호무역주의 장벽이 높아지는 분위기다. 대한민국의 기업은 그 어느 때보다도 혁신을 필요로 하고 있다. 그런데 그 혁신이 직원들을 압박한다고 해서 되는 일은 아니다. 혁신의 중심에 오너가 있어야 하고 오너가 혁신의 방향을 제대로 잡아 구심점이 되어 추진해야 한다. 따라서 오너 또는 최고경영자는 꾸준히 공부하고 깨어 있어야 한다. 혁신은 큰 틀에서 먼저 이루어져야 하고, 그 큰 틀의 혁신은 실무 직원들이 아무리 밤을 새워 고생한다고 해서 가능한 것이 아니다. 옛말에 "좁쌀이 백 번 구르는 것보다 호박이 한 번 구르는 게 낫다."라고 하지 않는가?

이상 이야기한 것이 내가 개인적으로 느끼는 대한민국 기업에서의 혁신 추진에 대한 유감이다. 사실 어찌 국내 기업 리더의 혁신 추진에 대해서만 유감이 있겠는가? 한 국가의 리더는 나라 전체를 이끌어갈 더할 나위 없이 중요한 자리다. 급변하는 세계정세 속에서 대한민국을 이끌 훌륭한 리더가 더욱 중요한 이유다.

✔ **DJI(Da Jiang Innovation):** 2006년 중국 광둥성 선전시에 설립된 드론 제작 전문 기업. 현재 기업용 및 일반 소비자용 드론 제품시장 모두에서 세계적으로 경쟁사가 없다고 할 만큼 선두를 차지하고 있는 회사다. 창업자는 왕타오(프랭크 왕)로 '드론계의 스티브 잡스'라고 불린다.

윈도우10, 이젠 바꿀 때가 된 것인가?

마이크로소프트 윈도우 버전과 관련된 징크스가 있다. 소위 '건너뛰기 성공'인데, 공전의 히트를 기록했던 윈도우95 이후 출시된 윈도우 ME의 실패, 그다음 버전인 윈도우XP의 대성공 뒤에 등장한 윈도우 비스타의 참패, 역시 그다음 버전인 윈도우7의 성공적인 보급과 다음 버전이었던 윈도우8의 사상 최대의 실패가 그러하다. 그렇다면 그다음 버전으로 출시된 윈도우10은 성공을 거두어야 한다. 사실 윈도우10은 이미 사용자의 PC에 주력 운영체제로서 성공적으로 자리 잡았다. 아직 윈도우7 사용자가 많이 남아 있기는 하지만 언젠가는 윈도우10으로 바꿔야 할 때가 올 것이다.

윈도우XP에 이어 윈도우7은 기업에서 사랑받는 운영체제다

2018년 7월 기준 윈도우의 버전별 점유율을 보면 윈도우10이 47.25%, 윈도우7이 39.06%, 윈도우8.1이 7.56%, 윈도우XP가 2.88%, 윈도우8이 2.54% 그리고 윈도우비스타가 0.63%이다.

그런데 윈도우10이 2014년에 발표되었다는 점을 감안하면 윈도우10이 실패했다고 할 수는 없지만 윈도우7 운영체제를 아주 성공적으로 대체했다고 보기도 어렵다. 아래 그래프를 보면 확실히 윈도우7에서 윈도우10으로의 전환이 시간 흐름에 따라 빠르게 진행되고 있다고 보기는 어렵다.

지난 한 해 동안 윈도우7의 점유율은 45%에서 39% 수준으로 떨

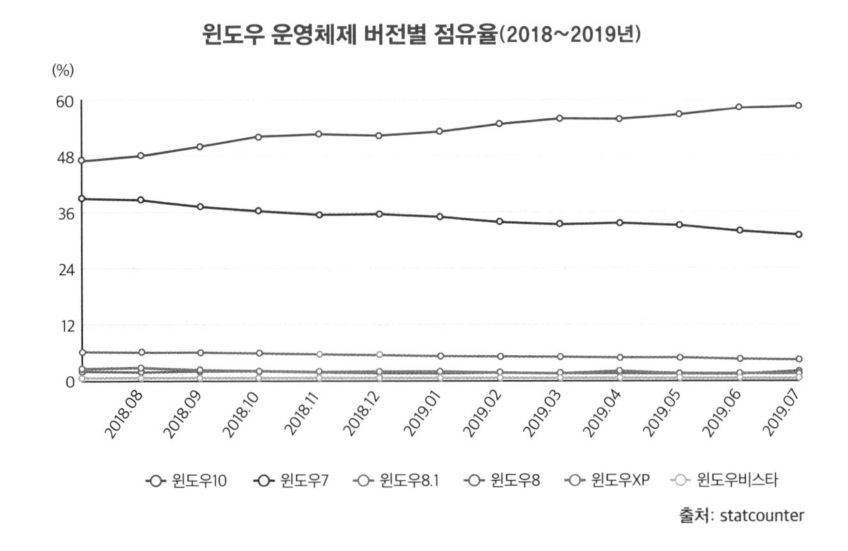

어졌다. 특이한 것은 2018년 11월 대비 2018년 12월에는 아주 작은 비율이기는 하지만 오히려 윈도우7의 점유율이 증가했다. 그래서 마이크로소프트에서는 윈도우7을 윈도우10으로 업그레이드하기 위해 많은 노력을 기울이고 있다.

개인용 노트북은 이미 신규 구입 시 윈도우10이 설치된 모델밖에는 구입할 수 없기에 개인 사용자는 대부분 윈도우10으로 전환했다고 판단된다. 그렇다면 2019년 12월 기준 27%에 가까운 윈도우7 사용자는 대부분 기업 사용자로 추측된다. 내가 몸담고 있는 조직도 현재 윈도우7을 여전히 절반 이상의 PC에서 사용하고 있다.

그렇다면 왜 회사들은 윈도우10으로 전환하지 않는 것일까? 첫 번째로 윈도우7으로 업무 시스템을 운영하기에 부족한 점이 없다는 것이 가장 큰 이유다. 회사에서는 업무를 위해 PC를 사용하며, 업무는 오피스와 기업에서 운영하는 ERP 또는 다양한 업무 시스템들이 대상이다. 윈도우7 운영체제가 이들을 지원하는 것으로 부족함이 없다고 판단되기 때문이다.

두 번째 이유는 많은 사용자들이 윈도우7에 익숙해져 있는 상황에서 굳이 윈도우10으로 전환할 필요가 없다고 판단하기 때문이다. 특히 윈도우10은 초기 윈도우7과는 많이 다른 UX를 제공해 사용자의 학습을 필요로 하는 점이 있었다. 보안 패치나 업데이트가 강제로 실행되면서 PC를 사용해야 하는 중요한 순간에 PC가 업데이트에 들어가 장시간 먹통이 되는 사례가 회자되는 등 굳이 회사 IT 담당자 입장에서 윈도우10으로 전환할 필요를 느끼지 못했다. 이 사례들은 현재 윈도우10에서 대부분 개선되기는 했지만 말이다.

세 번째 이유는 좀 더 현실적인 측면이다. 마이크로소프트에서 윈도우7에 대한 패치 지원을 2020년 1월까지로 이미 못을 박았다. 따라서 2020년 이후 윈도우7을 기업에서 계속 사용할 경우 보안에 대한 패치를 지원받지 못하기에 언젠가는 바꾸긴 바꾸어야 할 것이다. 그러나 윈도우10으로의 전환에는 IT 비용이 수반되는 경우가 발생한다. 회사에서 업무용으로 구축된 시스템이 32비트 버전으로 개발된 경우 윈도우10은 기본적으로 64비트를 중심으로 지원되므로 이에 따른 업그레이드 개발을 해야 한다. 또는 회사에서 사용 중인 보안모듈이 윈도우10을 지원하지 못하는 경우도 있다. 이런저런 이유로 적지 않은 비용이 발생하기에 전환 시점을 계속 미루고 있었을 수도 있다.

2020년이 되면 윈도우10으로 업그레이드해야 한다

그런데 2020년이 얼마 남지 않은 시점에서 윈도우10으로 업그레이드를 착수하게 만들 추가 이슈가 발생할 듯하다. 2018년 현재 인텔의 최신 CPU 관련 칩셋 버전은 8세대다. 그런데 윈도우7이 실행 가능한 인텔의 칩셋이 기본적으로 6세대까지로 제한된다. 아직까지는 PC 회사에서 6세대 칩셋이 장착된 PC를 출하하고 있지만 2019년 말 또는 2020년 초에는 6세대 칩셋을 탑재한 신규 PC를 더 이상 구할 수 없다. 그렇게 되면 회사에서는 신규 PC를 더 이상 임직원에게 지급하지 못하는 상황이 발생한다. 결국 2020년이 오기도 전에 회사의 표준 운영체제를 윈도우10으로 업그레이드하는 작업을 완료해야 한다.

인텔의 이러한 6세대 칩셋 단종이 마이크로소프트의 윈도우10 보급 의지와 연관이 없을 수도 있다. 하지만 사용자의 입장에서 필요하다고 생각하지 않는 업그레이드를 강제로 해야만 하는 상황에 부딪히는 것이 즐겁지는 않다. 수요가 공급을 이끄는 것이 시장의 원칙이라지만 종종 공급이 수요를 끌고 가는 사례가 있는데 이 경우도 그런 사례라 할 수 있겠다. 그렇다고 소위 말하는 '세의 법칙'이 적용되는 사례는 아니다. 본 사례는 사용자에게 선택의 여지가 없으니까 '시장 독점에 따른 지배력'이 더 적합한 표현이다. 언젠가 해야 할 작업인 것은 맞지만 왠지 씁쓸한 느낌이 드는 것은 혼자만의 생각일까?

세의 법칙(Say's law): 프랑스 경제학자 장바티스트 세(Jean-Baptiste Say, 1767~1832)에 의해 제시된 주장으로, "공급은 스스로 수요를 창출한다."라는 말로 알려져 있다. 일단 공급이 이루어지면 그만큼의 수요가 자연적으로 생겨나므로, 유효수요 부족에 따른 공급과잉이 발생하지 않음을 의미한다. 다만 수요를 고려하지 않은 공급과잉으로 인해 1930년대 경제대공황을 야기했다는 비판을 받는다.

3장

IT 산업에 부는 바람

알아두면
쓸모 있는
IT 상식

국내 소프트웨어 산업에 대한 소고

몇 년 전에 한 대학 컴퓨터공학과 학생들을 대상으로 특강을 할 기회가 생겼다. 오랜만에 하게 된 대학 특강이기도 했고 프로젝트를 직접 수행하던 시절 이후에는 처음이어서 어떤 말을 해야 할까 고민하고 있었다. 그러던 차에 해당 대학의 교수님께서 "요즘 컴퓨터공학을 전공하는 학생들이 자신의 비전에 대해 걱정을 많이 하고 있다. 선배로서 학생들에게 희망을 줄 수 있는 이야기를 해주면 좋겠다."라는 이야기를 해 기대를 가지고 강의를 준비했다.

당일 특강을 위해 강의실에 도착하니 40여 명의 학생들이 나를 기다리고 있었다. 준비해간 자료를 바탕으로 강연을 마치고 나서 질의응답 시간에 학생들에게 여러 가지 질문을 받았다. 그런데 그 질문들이 내가 기대했던 것과는 많이 달랐다. "연봉은 얼마나 받으세요?" "지금 계신 기업에 입사하려면 어떻게 해야 하나요?" "미래가 불안하진 않으세요?" "프로그램을 잘 모르는데 졸업한 후 취직을 할 수 있을까요?" 등의 질문이 많았다.

물론 언론을 통해 20대의 취업난에 대해 들었던 터지만, 아직 졸업까지 시간이 많이 남은 학생들의 관심사도 취업에 집중되어 있었다는 것과 전공 분야에 대한 호기심보다는 기업의 입사와 연봉, 그리고 장래에 대해 더 많은 고민을 하고 있다는 것을 직접 느끼게 되었다.

소프트웨어 개발자로서의 비전보다는
급여와 안정성에 더 관심이 가는 상황이다

얼마 뒤 우연히 TV에서 인도 영화 〈세 얼간이〉를 보았다. 3명의 젊은 공학도가 인도 유수의 공과대학에 입학하면서 겪는 일들을 통해 전공과 꿈, 그리고 미래에 대해 이야기하는 영화다. 공학에 관심이 없더라도 꼭 한번 보라고 추천하고 싶다. 그런데 영화를 보면서 내가 강연을 했던 학생들의 모습과 질문이 계속 떠올랐다. 학생들이 미래의 소프트웨어 전문가를 꿈꾸며 학문의 즐거움에 심취해 있기를 기대한다면 너무 현실을 모르는 이상주의자에 불과한 것일까?

소프트웨어를 공부하는 즐거움보다는 취업 걱정이 먼저인 학생들을 생각하기에 앞서, 국내 소프트웨어 산업을 돌아보면 결코 장밋빛이라고 생각할 수 없다. 국내 소프트웨어 산업의 인력은 2008년을 정점으로 감소 추세에 있으며 부가가치가 높은 패키지 소프트웨어보다는 인력 투입 중심의 IT 서비스가 전체 시장의 80%가량을 차지하고 있다. 이는 전 세계 주요국 소프트웨어 시장 규모를 기준으로 16위(2018년 기준, 시장 규모 118억 달러) 수준이다. 자원이 빈약한 대신 우수한 인재로 승부해야 하는 대한민국의 상황을 고려할 때 소프트웨어 산업의 현실은 아쉬울 따름이다.

물론 SI 사업과 아웃소싱으로 대표되는 IT 서비스산업의 규모가 패키지 소프트웨어 산업의 규모보다 더 큰 것은 세계적인 추세다. 하지만 우리가 잘 알고 있는 마이크로소프트, 오라클, SAP 등은 패키지 소프트웨어 제품 판매를 통해 엄청난 매출과 이익을 거두고 있다. 소

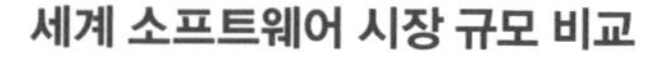

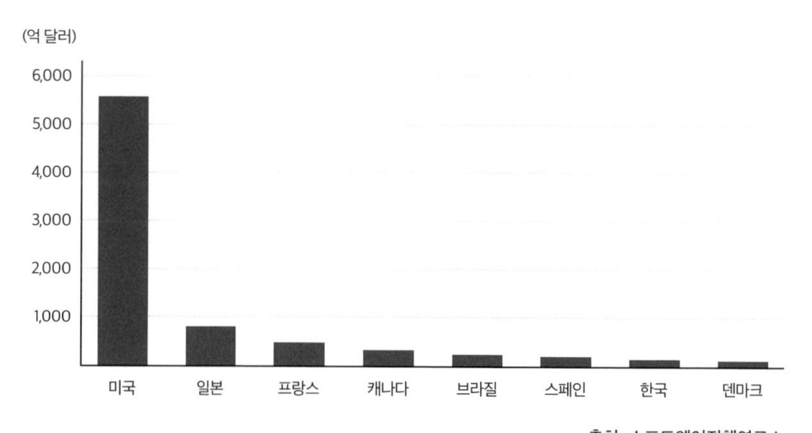

출처: 소프트웨어정책연구소

프트웨어 산업의 부가가치가 높다고 이야기하는 것은 이러한 패키지 소프트웨어 기업을 두고 말하는 것이다.

반면 대형 SI 기업을 비롯한 IT 서비스 기업의 부가가치는 생각보다 그리 높지 않다. 오히려 제조업 분야의 우량 기업이 더 나은 경우도 있다. 대신 패키지 소프트웨어 기업은 시장에서 1등이 아니면 생존하기 힘든 반면, IT 서비스 기업은 다양한 고객을 대상으로 안정적인 수익을 낼 수 있다는 점에서 유리하다. 그래서 국내 소프트웨어 기업은 대부분 IT 서비스를 지향하며, 이로 인해 국내 소프트웨어 인력의 80%가 IT 서비스 기업에서 일하고 있다. 이런 작금의 현실이 젊은 소프트웨어 공학도들이 꿈을 가질 수 없게 만드는 요인은 아닐까?

소프트웨어 분야에서 큰 성공을 거둔 스타 개발자 사례가 나와야 한다

뉴스에서 많은 젊은이들이 스타를 꿈꾸며 연예계로 뛰어들고 있다는 보도를 쉽게 볼 수 있다. 이렇게 뛰어든 많은 연예인 지망생들이 성공하는 확률은 매우 낮고, 연예계에 종사하는 사람들의 평균 급여도 최저생계비에 못 미치는 수준이라고 한다. 그럼에도 불구하고 스타를 꿈꾸는 연예인 지망생들은 여전히 많다. 한편 국내 소프트웨어 업계는 어떤가? 평균 급여 수준은 분명 전체 산업 평균을 웃돌 것이다. 하지만 소프트웨어 전문가를 꿈꾸는 젊은이들은 많지 않다. 이는 IT 서비스산업 중심인 국내 소프트웨어 산업이 가지는 한계다. 다양하고 창의적인 아이디어로 소프트웨어를 개발하고, 이를 바탕으로 창업하고 성장해 주식시장에 상장하거나 대기업에 인수합병되어 큰 성공을 거두는 성공 모델이 국내에는 빈약하기 때문이다.

분명 소프트웨어 산업은 우수한 인력이 중심인 산업이다. 별다른 천연자원도 필요하지 않고 환경을 해치지도 않는다. 국가적으로 높은 고용 효과와 부가가치를 창출할 수 있다. 당연히 적극적으로 육성해야 할 산업이다. 그런데 성공 모델은 나오지 않는다. 대기업은 차별화된 소프트웨어 기술을 가진 중소기업 인수에 소극적이고, 금융권은 물적 담보가 없으면 대출이 안 된다. 벤처기업에 대한 투자는 말라버렸고, 소프트웨어를 전공하는 젊은이들의 머릿속엔 취업이 최우선 순위다. 여러 가지로 국내 소프트웨어 산업의 여건이 긍정적이지 못한 상황이다.

하지만 스타가 되기 위해 인생을 걸고 꿈에 도전하는 젊은이들이 많은 연예계처럼, 국내 소프트웨어 분야도 스타 개발자를 꿈꾸는 젊은이들이 많이 나온다면 희망이 넘치게 될 것이다. 다행히 스마트폰의 폭발적인 성장으로 최근 다시 소프트웨어의 중요성에 대해 이야기하는 사람들이 늘었다. "꿈은 이루어진다."라는 구호는 소프트웨어 업계에도 꼭 필요한 구호인 것 같다.

소프트웨어 벤처,
왜 한국에서는 힘을 못 쓸까?

2012년 4월 9일, 미국의 페이스북이 온라인 사진 공유 서비스를 제공하는 벤처기업 인스타그램을 10억 달러에 인수했다. 인스타그램은 스마트폰으로 찍은 사진이나 동영상을 공유하고 페이스북, 트위터 같은 소셜 네트워크 플랫폼과 연동할 수 있는 서비스를 제공하는 기업이다. 2010년에 서비스를 시작했으며 인수 당시 전체 직원은 겨우 13명이었지만 가입자 수는 전 세계적으로 2,700만 명 정도였다고 한다. 2년 남짓한 기간 동안 기업을 키워서 10억 달러에 팔았으니 창업자로서는 정말 대박이 난 것이다.

2018년 6월, 미국의 IT 매체 테크크런치는 인스타그램의 전 세계 월 사용자 수가 10억 명을 돌파했다고 발표했다. 인스타그램의

2017년 9월 월 사용자 수는 8억 명으로 집계되었는데, 불과 1년이 안 되는 기간 동안 2억 명을 추가로 확보한 것이다.

벤처기업 창업 후 다양한 방법으로 가치를 실현할 수 있어야 한다

미국에서 소프트웨어 벤처기업이 성장하는 길은 크게 두 갈래다. 하나는 기업을 키워 다른 기업에 매각하는 방법이고 다른 하나는 주식시장에 IPO(주식공개상장)를 하는 길이다. 우리가 대부분 알고 있는 구글, 페이스북, 마이크로소프트, 오라클, SAP 등은 성장해 주식시장에서 가치를 인정받아 유명해진 경우지만, 이보다 훨씬 더 많은 소프트웨어 기업들이 적당한 성장 단계에서 매각되어 가치를 실현하고 있다. 특히 오라클, IBM, SAP 등의 거대 IT 기업들은 수많은 소프트웨어 기업들을 인수합병해 오늘날 다양한 제품군을 구성하고 있다. 이러한 기업들 간의 인수합병은 새로운 아이디어로 무장한 젊은 소프트웨어 개발자들이 벤처기업을 창업해 젊음을 투자할 수 있도록 하는 배경이 된다.

그럼 국내의 사정은 어떨까? 카카오톡은 2012년에 이미 가입자 수가 4,200만 명이고 하루 순 방문자 수가 2천만 명에 달했다고 한다. 당시 기준으로 인스타그램을 뛰어넘는 성공 모델을 갖추었다고 해도 과언이 아니다. 하지만 그때는 수익을 낼 서비스가 없었다. 이

상황에서 대기업들은 카카오톡과 유사한 서비스를 자체적으로 개발해 서비스할 궁리만 했다. 1990년대 말 벤처 활황기에 세워진 수많은 국내 소프트웨어 벤처기업들 중에 주식시장에 성공적으로 상장되어 오늘날까지 성과를 내고 있는 기업이 얼마나 되는가? 더구나 우리나라는 미국과 달리 차라리 코스닥에 상장하는 벤처기업은 있을지언정 대기업에 높은 가격으로 인수합병되는 기업은 손에 꼽을 정도로 적다.

미국이 소프트웨어 벤처기업을 높은 가격에 인수하는 이유는 벤처기업이 이룬 성과의 가치를 인정하기 때문이다. 하지만 국내 대기업들은 그 가치를 인정하기보다는 자본력을 동원해 비슷한 서비스를 개발하는 쪽을 선호한다. 그렇게 벤처기업이 개발한 서비스의 참신함은 결국 사라진다. 왜냐하면 대기업과의 경쟁에서 밀린 벤처기업은 문을 닫게 될 것이고, 대기업에서는 벤처기업과 같은 창의적인 분위기에서 서비스를 지속할 수 없기 때문이다.

소프트웨어 기업이 문어발식으로 영역을 확장하는 것은 미국도 마찬가지다. 하지만 미국은 문어발식으로 확장할 때 벤처기업을 정당한 가격에 인수합병해 확장하는 방식을 택하고 있다. 우리나라의 대기업들이 이러한 방식을 적극 추진한다면 많은 벤처기업들이 창업될 수 있다. 그중에는 정말로 쓸 만한 소프트웨어를 개발하는 기업들도 생겨날 것이며, 경쟁력 있는 벤처기업을 정당한 가격으로 인수한 대기업의 경쟁력은 향상될 것이다.

우리나라는 한때 IT 강국으로 불렸다. 나도 그 무렵 벤처 관련 비즈니스에 참여했던 경험이 있다. 당시 수많은 젊은 인재들이 전공을 불문하고 소프트웨어 분야에 뛰어들었다. 이들이 바랐던 것은 불로소득이 아니었다. 소프트웨어 개발을 위해 밤을 세워가며 노력하는 과정에서 보람을 추구했다. 그 결과로 국내 소프트웨어 업계에 많은 기업들이 세워졌다. 하지만 이들 기업은 경영자의 미숙함, 부실경영, 머니게임, 경쟁력 약화 등 다양한 이유로 하나둘씩 쓰러져 지금은 남아 있는 기업이 거의 없다. 그중 하나가 학교 동문을 찾아주는 서비스 '아이러브스쿨'이다. 어떤 이들은 페이스북을 보고 '아, 이거 예전에 아이러브스쿨과 비슷하네?'라고 생각했을 것이다. 만약 이 서비스를 대기업이 적당한 단계에서 인수해 계속 발전시켰다면 어땠을까? 하지만 이런 혁신적인 기업들은 대부분 초기 성장 단계를 지나 더 이상 발전하지 못하고 사라졌다.

대기업이 벤처기업을 적극적으로 인수해 벤처 성장을 위한 환경을 마련해야 한다

벤처기업이 일정 규모 이상으로 커지게 되면 조직 운영 능력과 경영 능력이 훨씬 더 많이 필요해진다. 이 시기가 대기업의 인수가 요구되는 시기가 아닐까 생각한다. 대기업은 자체적인 투자 없이 검증된 비즈니스 모델을 인수해 지속적으로 성장시킬 수 있고 벤처기업은 다시 새로운 분야에 도전할 수가 있으니 일석이조다. 소프트웨어 산업은 대부분 그렇게 발전해왔다. 마이크로소프트도 오라클도 SAP도 페이스북도 구글도 초창기에는 4~5명이 모여 시작한 기업들이다.

향후 기업 간의 경쟁은 더욱 치열해질 것이다. 대한민국이 현재 경쟁력을 가지고 있는 제조업은 다른 후발 국가들의 도전을 받을 가능성이 크다. 또한 규모가 큰 제조기업을 지속적으로 육성하기 위해서는 많은 자본이 필요하고, 이미 시장성숙화가 진행되고 있는 우리나라에서는 환경적으로 불가능할 수도 있다. 하지만 소프트웨어 분야는 지식산업이다. 세계 최고의 소프트웨어 강국인 미국에서는 아직까지 창업한 지 2년도 안 된 10명 미만의 기업이 성공 신화를 만들고 있다. 성공 모델이 있다면 그 수가 비록 적을지라도 영향력은 결코 작지 않을 것이다. 국내 대기업들이 공격적인 소프트웨어 개발과 경쟁만 강조하지 말고 벤처기업과의 공생 관계를 구축하는 데 좀 더 관심을 가지고 투자를 하면 어떨까?

IPO(Initial Public Offering): 기업공개 또는 주식시장 상장. 기업 설립 후 처음으로 외부투자자에게 주식을 공개하고 이를 매도하는 단계를 의미한다. 주식을 공개하는 방법으로는 자신의 회사 주식을 주식시장에 등록하는 작업이 대표적이다. 상장거래가 된 후 주가가 높아졌을 시, 추가적인 주식 발행을 통해 자금 조달을 할 수 있어 벤처기업에게는 기업이 성공했음을 의미하는 상징과도 같다. 그리고 오랜 기간 벤처기업에서 고생한 구성원들이 자신의 회사 지분(자신이 보유한 회사의 주식)을 주식시장에서 공개적으로 매도해 거금을 만들 수 있어 종종 사람들 사이에 대박 신화로 전해지기도 한다.

소프트웨어 개발자와 인공지능 클라우드

'프로그래머란 카페인을 프로그램 코드로 바꾸는 기계'라는 농담이 있다. 커피를 마셔가며 잠을 몰아내고 야근을 해서 프로그래밍을 해야 하는 환경을 비유한 말이다. 한번은 어느 게임 업체가 '일주일에 두 번만 출근하는 회사'라고 해서 화제가 되기도 했다. 언뜻 보면 업무 시간이 짧은 회사로 이해된다. 그런데 속뜻은 두 번만 출근해서 좋다는 말이 아니다. 회사에 출근한 후 퇴근이 없어 일주일에 두 번만 출근한다고 비꼰 것이다. 이처럼 소프트웨어 개발자의 열악한 근무 환경은 사람들에게 이미 잘 알려져 있다.

인공지능은 단순노동 일자리뿐 아니라 고도의 전문직도 대체할 수 있다

4차 산업혁명 이야기가 한창이다. 지난 대선에 나왔던 유력 후보들도 이에 대해 언급하지 않는 이가 거의 없었다. 4차 산업혁명의 핵심에는 인공지능이 있고 로봇이 있다. 많은 이들이 제조업의 단순노동 일자리가 향후 인공지능과 로봇에 의해 대체될 것이라고 예상한다. 한걸음 더 나아가 회계, 법률 심지어 의학 분야까지 인공지능이 기존 전문가를 대체할 수 있다고 예상하기도 한다. 일례로 IBM에서 개발한 인공지능시스템인 '왓슨'이 국내 병원에 도입되어 화제가 되고 있다.

프로그래머는 무리한 중노동에 시달리고 있고, 소프트웨어를 이용한 인공지능과 로봇은 수많은 일자리를 대체할 수 있을 정도로 강력해지고 있다는 이 두 가지 사실의 상관관계가 보이는가? 그렇다. 바로 소프트웨어 개발 분야에도 인공지능이 도입될 것이라는 추측을 어렵지 않게 할 수 있다. 그렇다면 정말로 소프트웨어 개발에 인공지능이 도입될 경우 프로그래머의 미래는 어떻게 될 것인가?

몇 년 전 많은 이들의 관심을 모았던 구글의 인공지능 바둑 프로그램 알파고를 기억할 것이다. 알파고의 바둑 실력은 이제 더 이상 사람이 적수가 될 수 없는 경지에 이르렀다. 놀라운 것은 고작 1년도 안 되는 짧은 시간 동안 실력이 급격히 향상된 것이다. 조만간 영화 속에 등장했던 인공지능이 현실에 나타나는 것 아닌가 염려되기도 한다. 하지만 실제로 AGI(Artificial General Intelligence, 범용 인공지능)라고

인공지능 로봇: 인공지능 기술은 급격히 향상되어 단순노동 일자리는 물론 의사, 판사, 기자, 회계사 등 전문직 일자리도 위협할 것으로 보인다. 하지만 인간과 유사한 고도의 인공지능은 아직 갈 길이 멀다. 출처: Pixabay

불리는, 인간과 유사한 인공지능은 아직 현실적으로 갈 길이 멀다. 바둑 같은 게임이나 자동차 운전처럼 특정한 목적을 위한 인공지능(응용 인공지능, narrow AI, weak AI)과는 달리, 개발에 많은 어려움이 있기 때문이다. 그렇다면 소프트웨어 개발 영역에서 인공지능 활용은 가능한가?

최근 소프트웨어 개발의 추세 중 한 가지는 클라우드 환경에 맞춘 IDE(Integrated Development Environment)로 개발자 간 협업하는 것이다. IDE는 오래전부터 프로그래머를 다양한 측면에서 지원해온 통합개발환경 인터페이스다. 프로그램 작성을 위한 에디터부터 문법 체크, 컴파일 환경 관리, 버전 관리, 테스트 등 많은 부분을 지원하고 있다. 아마 IDE 없이 소프트웨어를 개발하려면 많은 어려움이 있을 것이다.

이런 IDE가 웹 기반 환경의 장점과 결합되고 클라우드 서버가 연동되면서 이전의 독립적인 환경에서는 불가능했던 많은 개발 지원과 협업이 가능해졌다. 고객의 요구에 기민하게 대처할 수 있는 소프트웨어 개발 방법을 총칭하는 '애자일 방법론'이란 게 있다. 애자일 방법론의 대표인 익스트림 프로그래밍(eXtreme Programming) 방법에는 2명의 프로그래머가 하나의 컴퓨터에서 작업하는 '페어 프로그래밍(pair programming)'이라는 기법이 있는데, 클라우드 IDE는 개발자가 다른 개발자와 손쉽게 페어 프로그래밍 작업으로 협력할 수 있게 도와준다. 유명한 클라우드 IDE 개발 업체로는 코딩, 클라우드9 등이 있으며 '구름'이라는 국내 업체도 있다.

인공지능이 소프트웨어 개발에 적용되면 개발 생산성이 비약적으로 향상될 것이다

그런데 이런 클라우드 IDE에 인공지능이 연동되면 어떻게 될까? 인공지능의 분석 능력으로 전 세계 수많은 개발자들이 클라우드 IDE에 접속해 작성하는 막대한 양의 코드를 분석한다면 아마도 알파고처럼 짧은 시간 내에 뛰어난 코딩 능력을 보유하게 될 수도 있다. 그렇게 되면 개발자들은 막강한 고수 프로그래머를 짝으로 두고 프로그래밍을 하는 것과 같은 상황을 만들 수 있다. 창의적인 알고리즘 개발이나 사용자 요구에 따른 새로운 기능 구상은 당분간 사람의 능력을 필요로 할 것이다. 그러나 일정한 형태로 알고리즘이 다듬어지고 나면, 이를 특정 프로그래밍 환경에서 최적으로 개발하는 방법에 대해서는 인공지능이 여러 가지로 도움을 줄 수 있을 것이다.

예를 들면 클라우드 IDE에서 인공지능이 개발자와 실시간으로 협업을 하며 "이봐, 지금 작성하고 있는 코드는 뭔가 좀 이상한데? 여기를 고쳐야 할 거 같아."라든가, "오, 어제 누군가가 지금 작성하고 있는 것과 비슷한 코드를 이미 작성했는데 한번 볼래?" 또는 "이 부분은 이렇게 바꾸는 게 좋겠어."라는 조언과 함께 해당 코드를 제시하거나 자동으로 수정하는 것도 가능할 수 있다. 그렇게 되면 아마도 개발자에게 요구되는 역량이 지금과는 많이 달라질 것이다. 그리고 이런 상황이 지속되면서 인공지능이 더 발전하게 된다면 궁극적으로 대부분의 프로그래머가 할 수 있는 일을 인공지능이 대신하는 날이 오게 될지도 모른다.

연일 밤샘을 하며 프로그래밍을 해야 하는 개발자에게 이런 미래가 희소식일까? 아니면 일자리를 빼앗기는 나쁜 미래일까? 선진국의 제조업이 중국이나 베트남 같은 개발도상국에 지었던 공장을 다시 본국으로 이전하려는 움직임이 있다. 그러나 공장을 이전해도 대부분 로봇을 이용한 자동화 공정을 도입하기 때문에 본국의 일자리가 복귀되는 것은 아니다. 소프트웨어 개발도 인도 같은 개발도상국에 많이 의존하고 있으므로 이 글에서 언급한 미래가 현실화된다면 비슷한 상황이 벌어질지도 모른다. 더구나 소프트웨어 개발은 공장을 옮길 필요도 없다. 변화하는 미래에 적응하지 못하면 살아남기 어렵다고 하지만 그런 변화를 주도하고 있는 소프트웨어 분야도 그 영향에서 벗어나기 어렵기는 마찬가지다.

인공지능에게 물어보고 싶다.

"헤이, 소프트웨어 개발자의 미래는 어떻게 될 거 같아?"

✅ 왓슨(Watson): 왓슨은 자연어 형식으로 된 질문들에 답할 수 있는 인공지능 컴퓨터 프로그램이며, 시험 책임자 데이비드 페루치가 주도한 IBM의 DeepQA 프로젝트를 통해 개발되었다. 단어 맞추기 게임인 제퍼디 게임에서 인간을 상대하려고 2005년 개발을 시작해 2010년에 드디어 인간 제퍼디 경쟁자를 이겼다. 왓슨은 IBM 최초의 회상 토머스 왓슨에서 이름을 딴 것이다.

✅ AGI(Artificial General Intelligence): 범용 인공지능. 인간이 할 수 있는 어떠한 지적인 업무도 성공적으로 해낼 수 있는 기계의 지능을 말한다. 이는 인공지능 연구의 최종 목표이며, SF 작가들이나 미래학자들의 중요한 소재다. 반면 특정 문제 해결이나 논리적 업무의 연구·완수를 위해 사용되는 소프트웨어를 '응용 AI, 애플리케이션 AI'(또는 'Narrow AI', 'Weak AI')라 부르기도 한다. 응용 AI는 AGI와 달리 인간의 인지적 능력의 모든 범위를 개발 대상으로 하지 않는다. 알파고, 자율주행차, 왓슨 등이 응용 AI에 해당한다.

✅ 통합개발환경(IDE; Integrated Development Environment): 프로그래머가 프로그램을 작성하고 테스트하기 위해 필요한 코드 편집기, 컴파일러, 디버거 및 배포 등 모든 기능을 하나의 프로그램 도구 내에서 제공해 프로그래머가 손쉽게 개발할 수 있도록 도와준다. 대표적인 것으로 이클립스, 비주얼 스튜디오가 있다.

오픈소스 소프트웨어의 도입

"공짜면 양잿물도 마신다."라는 말이 있다. 하지만 공짜라고 무조건 좋아할 게 아니다. 물론 공짜를 싫어하는 사람은 없겠지만 한편으로는 공짜 여행이라고 해서 무작정 버스를 탔다가 돌아올 때 비싼 가격에 출처도 불분명한 건강식품을 한 보따리 들고 올 수도 있다.

오픈소스 소프트웨어는 우리나라의 공식 용어로 공개 소프트웨어다. 라이선스 구입 비용이 없기 때문에 공짜라고 생각할 수도 있다. 하지만 구입 비용은 없더라도 기업에서 오픈소스 소프트웨어를 도입해 업무에 적용하려면 기술지원, 커스터마이징(customizing), 운영 비용 등 제반 비용이 들어간다.

오픈소스 소프트웨어는 공짜는 아니지만 확실히 비용이 적게 든다

오픈소스 소프트웨어 사용 시 제반 비용이 들어간다고 해도 상용 소프트웨어에 비하면 운영 비용이 저렴하다. 정보통신산업진흥원에서 발표한 '공개 소프트웨어/상용 소프트웨어 총소유비용 비교 연구'에서 밝혀진 바에 의하면 공개 소프트웨어 기반의 정보시스템은 상용 소프트웨어를 이용하는 것에 비해 총소유비용이 평균 63.3% 절감되었다고 한다. 비록 공짜는 아닐지라도 전체 운영 비용을 절반이나 줄일 수 있다니 당연히 도입해야 하지 않겠는가?

이미 대형 포털이나 인터넷 기반 기업, 공공기관 등에서 오픈소스 소프트웨어를 많이 도입해 사용하고 있다. 하지만 비용 절감을 무엇보다 중요하게 생각하는 제조기업의 관점에서 볼 때, 오픈소스 소프트웨어의 실용성은 앞서 언급한 보고서에서 조사된 비용 절감 비율을 고려해도 좋지 못하다. 오픈소스 소프트웨어가 이렇게 확산이 더딘 이유가 무엇일까? 공짜면 양잿물도 마신다는 나라에서 말이다.

우선 가장 큰 이유로 일반 기업에서 오픈소스 소프트웨어를 현실적으로 적용할 수 있는 분야가 한정적이라는 점이다. 오픈소스가 가장 널리 활용되는 분야는 데이터베이스, 웹 애플리케이션 서버(WAS), 웹 서버, 그리고 운영체제다. 대규모의 인터넷 서버를 운영해야 하는 포털의 경우와는 달리 일반 기업은 웹 애플리케이션 서버와 웹 서버가 운영에서 차지하는 비중이 크지 않다. 또한 데이터베이스의 경우 외부에서 도입되는 업무용 소프트웨어의 기반이 상용 데이터베이스여서 같이 도입된 경우가 많다. 운영체제의 경우에는 서버를 도입할 때 추가 비용 없이 함께 들여온다. 제조기업에서 많은 비용을 차지하고 있는 분야는 ERP(전사적 자원관리), CRM(고객관리), SCM(공급망관리), 그룹웨어 등 실제 업무와 관련된 분야다. 하지만 이들 분야는 아직 오픈소스 소프트웨어가 충분히 성숙하지 않다. 결국 오픈소스가 비용 절감에 기여할 수 있는 부분이 많지 않다는 것이 제일 중요한 이유다. 하지만 단순히 그 이유 때문이라면 비록 적은 분야라고 해도 비용 절감을 위해 도입하지 않을 이유가 없다.

두 번째 이유는 지원 조직의 불안정성이다. 기업의 정보시스템 운영 담당자의 입장에서 언제든 믿을 수 있는 지원 조직은 꼭 필요한 요소다. 그런데 오픈소스의 경우 지원 조직이 대부분 중소기업이다. 또한 정보시스템 운영을 담당하고 있는 관련 IT 기업 내의 인력 중에서 오픈소스에 대해 충분한 노하우를 갖춘 인력이 흔하지 않다. 따라서 기업이 이런 제약을 감수하고 오픈소스를 도입해 활용하기에는 비용 절감 효과가 충분하지 않다.

세 번째 이유로는 정작 총소유비용 절감이 직접적으로 확인 가능하고 규모도 상당하다고 판단되는 PC 소프트웨어 분야의 경우 리눅스와 오픈소스 기반의 오피스웨어가 기업 내 정보시스템과의 호환성 문제 때문에 도입하기 어렵다는 점이다. 아쉽게도 일반 기업의 웹 기반 정보시스템은 액티브X를 아직까지 많이 사용하고 있다. 또한 정보 보안을 위해 DRM(디지털 저작권 관리시스템)과 같은 보안 소프트웨어와 운영체제가 연계된 보안 도구를 사용하고 있다. 이러한 것들이 오픈소스와 호환이 되지 않아 장애가 된다.

하지만 나는 오픈소스 소프트웨어에 대해 많은 기대를 하고 있다. 갈수록 거대해지는 글로벌 소프트웨어 기업의 독점적인 영향력은 향후 부메랑이 되어 기업들에게 많은 것을 요구하게 될 것이다. 이미 라이선스 이슈로 지불해야 하는 비용이 지속적으로 증가하고 있다. 또한 한 벤더의 소프트웨어 제품군에 얽매이게 되면서 발생하는 제약들도 있다. 이러한 상황을 해소할 수 있는 방법 중의 하나가 오픈소스 소프트웨어다.

오픈소스 소프트웨어의 우선 활용 분야에 대한 발굴 및 개발에 국가적 지원이 필요하다

오픈소스를 보다 적극적으로 활용하고 있는 유럽 국가들의 사례를 보면 정부가 많은 측면에서 이를 지원하고 있다. 내가 생각하기에 일반 기업들에 가장 먼저 확산해 큰 효과를 볼 수 있는 분야는 PC 환경이라고 생각한다. 이미 우리나라는 한글 워드를 국가적인 차원에서 지원해 크게 성공시킨 경험이 있다. PC를 위한 운영체제, 오피스용 소프트웨어, 업무를 위한 웹 애플리케이션 환경만이라도 우선적으로 오픈소스 기반으로 전환할 수 있도록 정부 주도하에 개발할 필요가 있다. 이를 각 기업에 확산할 수 있다면 기업의 입장에서는 많은 비용 절감이 가능해질 뿐만 아니라 벤더 종속적인 환경에서 탈피할 수 있지 않을까?

그리고 현재 기업에서 업무의 핵심이 되는 시스템은 하드웨어의 안정성과 성능 등의 이슈 때문에 대부분 유닉스 서버를 사용하고 있다. 하지만 오픈소스 소프트웨어는 인텔 CPU를 사용하는 X86 서버 아키텍처를 중심으로 개발된 경우가 대부분이다. 그러나 점차 X86 서버의 성능과 안정성이 유닉스 서버 수준에 근접하고 있어 이 역시 향후 변화될 가능성이 높다.

이미 기술적으로 충분한 수준의 오픈소스 소프트웨어들이 존재하므로 의지만 있다면 차근차근 기업의 정보시스템 환경에 적용해나갈 수 있을 것이다. 아직까지 미흡한 점과 문제점들이 있지만 주변 환경은 점차 오픈소스에 우호적으로 변해가고 있는 것으로 보인다. 일반 기업에서도 오픈소스 소프트웨어 활용을 통해 비용 절감과 벤더 종속성의 탈피, 그리고 안정성과 성능 확보까지 가능해질 날이 곧 오리라 믿는다.

이와 관련된 긍정적인 상황으로는 기업 정보시스템 분야에서 클라우드 아키텍처(시스템 설계 방식)의 확산이 보편화되고 있다는 점을 들 수 있다. 기본적으로 클라우드 아키텍처가 상용 소프트웨어 환경이 아닌 오픈소스 환경에서 발전해온 만큼, 오픈소스 소프트웨어가 확대되는 데 클라우드 아키텍처의 확산이 좋은 촉매 역할을 할 것으로 생각된다.

오픈소스 소프트웨어 라이선스: 오픈소스 소프트웨어라고 하면 모두 자유로이 사용할 수 있을 것이라고 생각하지만 오픈소스 소프트웨어 라이선스에는 다양한 종류가 있다. 특히 일반 사용자라면 오픈소스 소프트웨어를 대부분 그대로 사용하면 되지만 소프트웨어 개발 회사에서 오픈소스 소프트웨어를 개발에 적용하고자 할 경우 해당 오픈소스 소프트웨어의 라이선스 조건이 무엇인지 반드시 확인해야 한다. 예를 들면 가장 일반적인 오픈소스 라이선스인 GNU GPL(GNU General Public License)의 경우 이를 이용해 개발된 소프트웨어 역시 반드시 GPL 라이선스로 공개해야 한다. 이를 사용하고 소스를 공개하지 않으면 라이선스 위반이다.

총소유비용(TCO; Total Cost of Ownership): 기업의 정보시스템 도입·운영에 있어 초기 구입·개발 비용만 고려하는 것이 아니라 개발된 이후 운영하는 기간 동안 필요한 모든 제반 비용을 다 포함해 해당 시스템의 소요 비용으로 산정하는 것. 이는 도입 시 저렴하다는 이유로 선택된 솔루션이 높은 운영·관리 비용으로 더 많은 총비용을 필요로 하는 오류를 방지하기 위함이다. 포괄적인 관점에서 검토하기 때문에 분별력이 있고 총비용 절감이 쉽다는 장점이 있다.

과연 패키지 소프트웨어 산업이 정답일까?

마이크로소프트, 오라클, SAP, 구글, 애플… 이들 기업의 공통점은 세계 최고의 IT 기업인 동시에 소프트웨어 기업이라는 것이다. 애플은 하드웨어의 매출 비중이 소프트웨어에 비해 훨씬 더 높지만 하드웨어 경쟁력의 기반에는 소프트웨어가 자리 잡고 있다. 애플과 세계적으로 경쟁하고 있는 국내 대표 기업의 경쟁력 차이는 바로 소프트웨어에서 기인한다. 그리고 애플, 구글, 마이크로소프트 등 세계 최고 IT 기업의 또 다른 공통점은 IT 서비스사업을 하지 않는다는 점이다. 즉 패키지 소프트웨어를 중심으로 사업을 전개하고 IBM처럼 SI 사업이나 시스템 운영 사업은 하지 않는다. 그리고 높은 이익률을 가지고 있다는 것도 공통점이다.

소프트웨어 산업이 모두
고부가가치 산업이라는 건 오해다

국내 소프트웨어 산업은 SI 사업을 중심으로 성장해왔다. SI 사업은 기업의 경영목표에 따라 정보시스템을 최적으로 재구축하고 통합해 주는 사업이다. 옷으로 치면 패키지 소프트웨어 사업은 기성복 산업이고 SI 사업은 맞춤복 산업이다. 그래서 SI 사업은 인건비 비중이 높아 이익률이 낮고 규모의 경제가 어려우며 세계 시장에 진출하기 힘들기에 고부가가치 사업이 아니다. 그래서 많은 소프트웨어 업계 관련자들이 국내도 이제는 패키지 소프트웨어 산업으로 발전해야 한다고 주장한다. 그런데 과연 그럴까?

앞서 비유한 의류산업을 예로 들어보자. 우리 기억 속에는 오래전 동네마다 양복점이나 양장점이 많이 있었다. 양복은 으레 맞춰 입는 것으로 생각했고 여성들도 양장점을 자주 이용했다. 하지만 지금은 양복점과 양장점을 찾아보기 정말 어려워졌다. 기성복이 백화점, 마트, 길거리 할인 판매점을 모두 점령하고 난 뒤 사라져버렸기 때문이다. 더구나 그 기성복 자체도 중국이나 베트남 등 대부분 외국에서 만들어온 옷들이다. 우리나라에서 양복 기술자를 점점 찾아보기 힘들게 된 것은 어찌 보면 당연한 일이다.

다시 소프트웨어로 돌아가보자. 국내 기업들이 수익성이 떨어지는 SI 사업 중심의 IT 서비스산업 대신 패키지 소프트웨어 사업에 올인한다고 생각해보자. 만들어진 패키지 소프트웨어는 누구와 경쟁하는가? 이미 전 세계적으로 지명도와 안정성을 가지고 있는 세계 글로벌 소프트웨어 기업들과 경쟁해야 한다. 물론 이 경쟁에서 이기면 전 세계를 시장으로 고부가가치 소프트웨어 사업을 실현할 수 있다.

정말 그렇게 뛰어난 기업이 국내에서 하나 나왔다고 가정해보자. 그 기업은 제품을 전 세계에 수출해서 막대한 매출과 이윤을 높일 수 있겠지만 소프트웨어 개발자가 많이 필요할까? 소프트웨어 제품은 개발 시 많은 노력이 필요하지만 일단 개발되고 나면 제품으로 생산하는 것은 제로 코스트에 가깝다. 그리고 유통 역시 제로 코스트로 실현할 수 있다. 따라서 높은 매출 대비 낮은 생산비로 운영이 가능하다. 이 점이 패키지 소프트웨어 산업이 고부가가치 산업이 될 수 있는 이유다.

하지만 국내에서 세계 초일류 전자회사가 등장했다고 해서 국내 전자산업 분야에 일자리가 늘어나고 전자공학 엔지니어를 우대하는 분위기가 형성되겠는가? 그나마 전자산업 생산라인의 일자리는 증가하겠지만 이마저도 외국으로 공장을 이전하면 그만이다. 더구나 소프트웨어 산업은 그런 생산라인 자체가 없다. 그리고 개발을 위한 핵심 소프트웨어 인력을 자국민으로 고용한다는 보장도 없다. 소프트웨어 산업은 IT 서비스 분야와 달리 언어 장벽이 별로 없다는 이유로 인도계나 중국계 개발자를 대규모로 쓰게 될 가능성도 높다. 물론 이 역시도 세계 수준의 경쟁력을 갖춘 패키지 소프트웨어 제품 개발에 성공했다고 가정했을 때다.

IT 서비스 분야의 개발 환경을 개선하는 것이 소프트웨어 산업 경쟁력을 갖추는 길이다

국내 소프트웨어 산업의 미래를 위해 국가 차원에서 패키지 소프트웨어 육성에 초점을 맞춘다고 가정해보자. 경쟁력을 확보하기도 어렵지만 어찌어찌해서 세계 경쟁력을 확보한 기업이 나온다고 해도 국가 전체적으로 소프트웨어 산업의 활성화를 이룩할 수 있다고 생각되지 않는다. 그리고 이런 상황은 우리나라만이 아니라 미국과 일부 몇몇 국가를 제외한 대부분의 나라에 해당된다. 우리나라 소프트웨어 산업의 육성 및 발전의 중심이 패키지 소프트웨어 산업에 있다고 생각하지 않는 이유다. 오히려 IT 서비스산업 경쟁력을 더 키워야 한다.

거의 대부분의 패키지 소프트웨어가 기업이나 공공 분야에서 사용되려면 환경에 맞춘 커스터마이징이 필수적이다. 그리고 이렇게 개발된 IT 시스템을 운영하려면 안정적인 기술지원이 반드시 필요하다. IT 서비스 분야의 소프트웨어 인력이 정당한 대가를 받으며 안정적으로 일할 수 있는 분위기가 제공되고, 선진국과 같이 나이에 구애받지 않고 소프트웨어 개발자로서 일할 수 있는 여건이 마련된다면, 국내 소프트웨어 업계가 더 발전할 수 있다고 생각한다.

앞서 말한 패키지 소프트웨어 기업들의 막대한 이익률이 부러울지라도 그런 기업에서 일하고 있는 소프트웨어 개발자는 세계적으로 극히 일부다. 대다수의 소프트웨어 개발자들이 전 세계의 IT 서비스 분야에서 일하고 있으며 우리나라도 마찬가지다. 몇몇 기업이 언론에

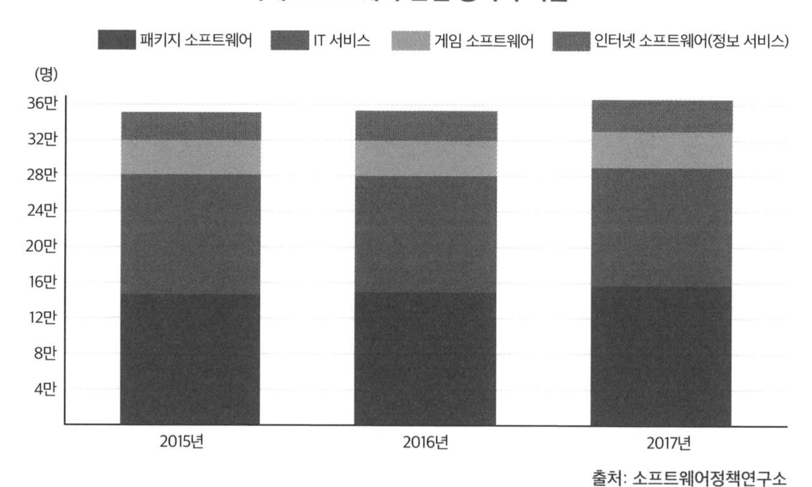

서 화제의 중심이 되고 모두의 부러움이 된다고 해도, 정작 세상을 움직이는 기업 뒤에는 무수히 많은 IT 서비스 분야의 이름 모를 소프트웨어 개발자들이 존재한다. 이들이 없다면 마이크로소프트의 운영체제도, 오라클의 데이터베이스도, SAP의 ERP도, 구글이나 애플의 스마트폰도 제 역할을 하지 못했을 것이다. IT 서비스 분야의 개발자들이 존중받아야 하는 이유다.

삼성이 구글의 1/100?

대한민국에서 소프트웨어 개발자라는 직함을 가지고 있거나 가져본 적이 있는 사람이라면 몇 년 전 삼성이 구글의 소프트웨어 개발자와 비교해 자사의 소프트웨어 인력에 대해 평가한 기사를 보고 만감이 교차했을 것이다. 당시 삼성전자는 사내 방송에서 특별기획 '삼성 소프트웨어 경쟁력 백서 1부: 불편한 진실'을 방영했다. 여기서 "삼성전자 소프트웨어 개발자의 역량은 구글의 1/100에 불과하다." "삼성전자 소프트웨어 개발자 중 구글에 입사할 수 있는 사람은 1~2%에 불과하다."라고 이야기한 것이 화제가 되었다.

스마트폰 전성시대가 오고 삼성의 안드로이드폰이 세계 시장에서 질주할 때, 많은 이들이 결국 삼성은 소프트웨어의 경쟁력 문제로 언젠가 한계에 부딪히게 될 것이라고 이야기했었다. 하지만 그 잘나가는 몇 년간 소프트웨어는 늘 하드웨어에 밀려 뒷전이었다. 언론에서도 신모델이 나올 때마다 새로운 하드웨어의 스펙에 대한 설명만 장황하게 늘어놓았을 뿐 소프트웨어는 주목하지 않았다. 그런데 왜 갑자기 그런 이야기가 나온 것일까?

소프트웨어 개발 역량을 제고하는 것은 하드웨어 분야보다 훨씬 힘들다

인공지능, 모바일, 빅데이터, 자율주행차, 로봇, 공유경제 등 최근 미래에 대한 이야기가 나올 때마다 화두가 되는 기술과 사상의 중심에는 공통적으로 소프트웨어가 있다. 하드웨어가 중요하지 않은 것이 아니라 소프트웨어의 경쟁력이 핵심이 될 것이라는 의미다. 이미 IT 분야의 하드웨어는 중국을 중심으로 제3세계와의 격차가 점차 좁혀지고 있다.

하지만 구글, 애플, 페이스북 등의 기업이 보여주듯 자체 하드웨어 생산공장이 없어도 세계 IT 시장을 주도하는 것이 가능한 이유는 소프트웨어 개발 역량을 가지고 있기 때문이다. 또한 소프트웨어 분야에서 한번 우위를 점한 기업을 경쟁사가 따라잡는 것은 하드웨어 기술을 따라가는 것과 비교할 수 없을 만큼 어렵다. 삼성이 이런 면에서 한계를 느끼고, 자사의 소프트웨어 개발 역량에 대해 문제점을 지적한 것은 늦었지만 올바른 지적이라고 생각한다.

그러나 중요한 것은 그 지적에 대한 원인 분석과 향후 대책이다. 아마도 삼성은 자사의 소프트웨어 개발 역량이 부족한 이유를 개발자 개개인의 역량에서 찾는 것으로 보인다. 이와 관련된 기사를 살펴보면 삼성은 "지금 당장의 문제 해결 평가 방식으로 구글 입사를 시도한다면 개발자의 1~2%만 제외하고는 어렵지 않을까 생각한다."라고 말했다고 한다. 이 말의 행간을 헤아려보면 삼성의 개발자 개개인이 구글에 입사하려고 시도할 경우 100명 중 1~2명만 입사할 실력이 된다는 생각을 가지고 있다. 다시 말해 개발자의 실력이 전반적으로 뒤처진다는 뜻이다.

고로 삼성의 경영진은 '소프트웨어 개발 역량이 뒤떨어지는 것은 능력이 부족한 개발자들 탓이다.'라고 결론을 지었을 가능성이 높다. 그래서 요즘 삼성에서는 미국의 실리콘밸리 출신 개발자들을 아주 높은 연봉을 주고 모셔오고 있다는 이야기가 들린다. 즉 개발자를 바꿔서 소프트웨어 개발 역량을 확보하려는 의도로 보인다.

물론 이 방안으로 소프트웨어 개발 역량을 제고할 수 있다. 구글이나 애플의 핵심 개발자 및 실리콘밸리의 유능한 개발자들을 많이 확보할 수 있다면 소프트웨어 개발 역량은 높아질 것이다. 하지만 어디까지나 이는 임시적인 처방이지 근본적인 처방이 될 수 없다. 우리나라 국가대표팀에 메시와 호날두, 루니 등 쟁쟁한 선수들 몇몇을 영입하고도 감독과 축구협회를 그대로 둔다면 세계 일류 축구팀을 만들 수 있을까? 우리는 이미 2002년 월드컵에서 선수 대신 축구 감독을 바꾸고 축구협회가 간섭하지 못하게 했을 때 어떠한 결과를 가져올 수 있는지 경험했다.

소프트웨어 개발 역량 강화는 스타 개발자의 영입만으로 성공할 수 없다

기업의 소프트웨어 개발 역량이 축구팀의 역량과 물론 같지는 않다. 이쯤에서 독자들은 어떻게 생각하는지 궁금해진다. 소프트웨어 개발 역량이 뒤떨어진다고 스스로 인정하는 문제 제기까지는 좋았다. 그러나 그 후에 이를 개선하기 위한 방안으로 인력 구조조정이나 조직 통폐합 등을 들고 나온다면, 처음부터 문제 제기의 이유가 다른 데 있지 않았을까 하는 의구심이 들 수밖에 없다.

하지만 진심으로 미래를 위해 소프트웨어 개발 역량을 확보하고 경쟁력을 갖추고자 하는 것이 목적이라면 이번 문제 제기를 국내 소프트웨어의 경쟁력 확보를 위한 발판으로 삼아야 한다. 이를 통해 삼성은 물론 다른 기업에서도 올바른 방향으로 근본적인 방안을 진지하게 검토하고 장기적으로 실행할 수 있는 계기가 되었으면 한다.

다행히 삼성을 비롯한 국내 IT 기업에서 소프트웨어 인력 양성을 위한 지원을 강화하고 있다는 소식이 들린다. 인력 양성은 오랜 시간이 필요한 만큼 이러한 노력이 단기간에 그치지 않고 지속되기를 기대해본다.

✔ 구글 입사 시험문제: 구글이 자사의 직원을 채용할 때 출제하는 문제들은 매우 독특하다. '스쿨버스 1대에는 얼마나 많은 골프공이 들어갈까?' '시애틀에 있는 모든 건물의 유리창을 닦아주면 얼마를 받아야 하나?' '사람들이 오직 아들만 원하는 나라에서는 모든 가족들이 아들을 낳을 때까지 계속 아이를 낳는다. 만일 그들이 딸을 낳는다면 그들은 또 다른 아이를 가지게 되고 아들을 낳는다면 더 이상 아이를 갖지 않는다. 이 나라에서 아들과 딸의 성비는?' '전 세계에는 얼마나 많은 피아노 조율사가 있나? (시카고에는 얼마나 많은 피아노 조율사가 있나?)' '샌프란시스코 재난 대피 계획을 설계하라.' '왜 맨홀 뚜껑은 둥근가?' 등이 그 예다.

B2B IT의 몰락, 새로운 기회는 어떻게 올 것인가?

IT 컨설팅 기업인 가트너는 매년 상위 100대 글로벌 IT 기업 순위를 발표한다. 통신 서비스를 제외한 IT 및 부품 매출 기준으로 작성되는데, 가트너가 발표한 이 순위에서 삼성전자가 2위에 올랐다. 1위는 애플, 3위는 구글이다. 전 세계 시가총액 상위 기업을 봐도 1위에서 5위는 애플, 구글, 마이크로소프트, 아마존, 페이스북이 차지하고 있다. IT 분야의 대명사였던 IBM, 오라클, HP, 시스코 등은 상위 30위권 밖에 있다. 최근 IT 분야의 흐름이 기업 중심의 IT 시장에서 소비자 중심의 IT 시장으로 이동한 것은 분명해 보인다. 이런 움직임은 스마트폰과 태블릿PC 같은 모바일 기기가 확산되기 시작할 무렵부터 벌어진 현상이다.

초기 IT 산업은 기업을 위한 B2B 솔루션 기업이 주도했다

1990년대 PC가 확산된 이후 IT 분야에 소비자 시장이 생겨나기 시작했다. 이때 성장한 기업이 마이크로소프트와 애플이다. 애플은 그 이후 지금까지 소비자 IT 시장만을 대상으로 사업을 하지만, 마이크로소프트는 기업 IT 시장에 본격적으로 진출해서 많은 솔루션을 출시했다. 1990년대 당시는 IBM이 세계 최고의 IT 기업이었다. 또한 막 성장하기 시작한 오라클이 있었다. 이윽고 클라이언트-서버 시대에 접어들면서 정말 많은 B2B IT 기업이 탄생했고 또 인수합병을 통해 사라져갔다.

그다음으로 스마트폰 시장이 열리면서 애플은 본격적으로 비약적인 성장을 거듭했고 구글과 페이스북도 약진했다. 하지만 B2B 시장에 있던 수많은 소프트웨어와 하드웨어 기업들은 인수합병을 통해 몇몇 거대 기업으로 흡수되고 사라졌다. 그렇게 사라진 기업은 컴팩, DEC, SUN, 인포믹스, BEA 시스템즈 등 헤아릴 수 없을 만큼 많다.

B2B IT 시장은 이제 예전의 영광을 되찾을 가능성이 없는 것일까? 한편 메인프레임에서 시작해 클라이언트-서버, 인터넷, 그리고 모바일로 패러다임이 진화하는 동안 기업의 IT 투자를 견인해왔던 뚜렷한 이슈가 최근 10여 년간 없었다는 생각이 든다. 기업의 IT 시스템은 2000년대 초반 인터넷의 물결을 받아들인 이후 일부 모바일로 발전을 이룬 부분을 제외하면 큰 변화 없이 현재에 머무르고 있다.

대부분의 기업 IT 시스템은 데이터센터의 서버와 네트워크에 기반을 두고 사무실의 윈도우 PC에 웹 브라우저 또는 클라이언트-서버 환경의 사용자 인터페이스로 이루어져 있으며, 관계형 데이터베이스 관리시스템의 데이터를 중심으로 운영되고 있다. 고객 서비스 및 일부 업무를 스마트폰으로 확장해놓았을 뿐이다.

IDC를 비롯한 IT 전문 컨설팅 기관에서 B2B IT 시장 변화의 축으로 모바일, 빅데이터, 소셜 네트워크, 클라우드 및 사물인터넷(IoT) 등을 이야기한 지 벌써 수년이 흘렀으나, 이전 클라이언트-서버 또는 인터넷 패러다임 전환기와 같은 커다란 변화의 움직임은 보이지 않는다. 과연 이런 요소들이 B2B IT 시장에 활력소가 되긴 할 것인가? 아니면 다른 방향으로 시장 변화가 필요한 것일까?

B2C IT 시장은 현재 B2B IT 상황에 비해 변화의 흐름이 더 빠르다. 스마트폰과 태블릿PC 중심의 IT 수요로 인해 PC의 수요가 급격히 줄었고, 전자상거래 역시 모바일 중심으로 성장하고 있으며, 소셜 네트워크 서비스가 기존 인터넷 블로그와 메신저를 대체할 기본적인 의사소통 플랫폼으로 자리 잡았다. 여기에 조만간 인공지능 스피커 시장이 본격적으로 형성된다면 B2C IT 시장은 홈 IoT와 증강현실, 웨어러블 인터페이스까지 가세해 본격적인 변화에 접어들 것으로 생각된다. 문제는 이런 변화가 B2B IT 시장에까지 미치고 있지 않다는 것이다. 이에 B2B IT 시장의 성장을 위해서는 다음과 같은 변화가 필요할 것으로 본다.

기업이 인공지능을 중심으로 4차 산업혁명을 준비하는 시점이 B2B IT 산업의 기회다

인공지능을 기반으로 한 솔루션이 기업에서 본격적으로 활용되기 위해서는 우선 다양한 솔루션 소프트웨어의 출시가 필요하다. 현재 B2C 시장을 중심으로 출시되는 인공지능 스피커나 증강현실 관련 제품군을 기업에서 적극 활용할 수 있도록 해야 한다. 또한 보수적인 기업 성향을 감안해 많은 변화관리가 필요하지 않으면서 업무 성과 향상에 직접적으로 도움을 줄 수 있는 적용 분야의 개발이 필요하다. 관계형 데이터베이스가 기업 IT 시스템의 중심이 되었듯 인공지능이 기업 IT의 중심으로 자리 잡도록 이끌어줄 수 있는 IT 솔루션 기업의 등장이 필요하다. 금융·서비스·인터넷 기업 등 IT 중심의 비즈니스를 영위하고 있는 기업들에 이러한 변화는 반드시 요구되는 영역이다. 또한 정체되어 있는 기업의 경영정보시스템 발전에 필요한 부분이기도 하다.

두 번째로 증강현실이 실제적으로 기업의 많은 부분에서 PC를 대체하는 사용자 인터페이스로 자리 잡을 수 있도록 IT 솔루션 기업은 성능 개선과 현실적인 응용 분야 솔루션을 제공해야 한다. 증강현실이 1990년 이래 업무 수행을 위한 기본 단말기로 자리 잡고 있는 PC를 대체할 수 있는 길을 찾아야 한다는 의미다. 더 나아가 기업의 사무직 및 생산직 임직원의 업무 효율을 향상할 수 있는 구체적인 활용 영역을 찾아야 한다.

세 번째로 로봇과 자동화, IoT를 기존의 영역보다 훨씬 더 넓은 영역에서 활용할 수 있는 계기를 마련할 필요가 있다. 인공지능 솔루션을 적용한다면 제조업은 큰 변화를 가져올 수 있을 것으로 예상되는 영역이며 산업 현장에서 '스마트 팩토리'의 구현을 위한 핵심 영역이기도 하다.

마지막으로 IT 시스템 인프라 측면에서 보자면, 클라우드와 모바일, 그리고 빅데이터의 경우에는 기업의 현실적인 고민과 제약을 반영하고 구체적인 실익을 제공할 수 있는 방안을 적용해야 한다. 기업의 업종에 따라 클라우드와 모바일, 그리고 빅데이터 등이 이미 본격적으로 적용되고 있는 곳도 있지만 아직까지 적용되지 않은 산업군과 기업들이 더 많을 것으로 생각된다. 이들 기업에까지 변화의 바람이 불게 해야 한다.

언론에서 4차 산업혁명에 대해 많이 이야기하지만 아직 추상적으로 그려지고 있는 '산업혁명'이 어떻게 진행될지는 미지수다. 하지만 분명한 것은 4차 산업혁명이 도래하려면 기업의 IT 환경 또한 이에 맞게 많이 변화해야 한다. 변화의 대상은 일부 인터넷 중심의 온라인 기업만이 아니라 기존의 제조업을 포함하는 전체 산업군이 되어야 한다. 그렇게 되면 기업 IT 환경은 커다란 혁신을 맞이하게 될 것이다. 그리고 이 변화는 침체된 B2B IT 시장이 재도약의 활로를 찾는 기회가 될 것이라고 생각한다.

✅ **사물인터넷(IoT; Internet of Things):** 각종 사물에 센서와 통신 기능을 내장해 인터넷으로 데이터를 주고받는 기술이나 환경. 상황을 판단하고 반응하는 것을 목적으로 구성된다. 즉 무선 통신을 통해 각종 사물을 연결하는 기술이다. 인터넷으로 연결된 사물들이 서로 데이터를 주고받아 스스로 분석하고 학습한 정보를 사용자에게 제공하거나, 사용자가 이를 원격 조정할 수 있도록 인공지능 기술과 연계해 다양한 활용을 목표로 한다.

✅ **증강현실(AR; Augmented Reality):** 가상현실(VR; Virtual Reality)의 한 분야로 실제 환경에 가상 사물이나 정보를 합성해 원래 환경에 존재하는 사물처럼 보이도록 하는 컴퓨터 그래픽 인터페이스. 구글글래스가 대표적인 증강현실 제공 기기이며, 포켓몬고 게임도 스마트폰을 이용한 증강현실 기술을 사용한 것이다. 공장이나 건설현장에서 스마트폰 또는 스마트 글래스를 이용해 기계의 실시간 정보를 제공받아 현장에 곧바로 적용하거나 도면을 보는 사례도 있다.

✅ **웨어러블 인터페이스(Wearable Interface):** 시계, 안경, 의류, 팔찌, 신발 등 사람의 몸에 걸치거나 소지하고 다니는 물건의 형태를 가진 스마트 기기가 웨어러블 디바이스다. 스마트폰보다 더 사람의 몸에 밀착해 휴대하는 성격으로 미래 스마트폰을 대체할 개인용 스마트 기기의 형태로 이야기된다. 화면 스크린이나 키보드 같은 기존의 인터페이스를 적용하기 어려운 경우가 많아 음성대화, 진동, 증강현실 기술 등을 사용해 사용자와 정보를 주고받는 것을 웨어러블 인터페이스라고 한다.

종의 다양성과 경쟁력

우리가 즐겨 먹는 바나나는 전 세계 어느 나라에서 생산되는 것이든 거의 대부분이 캐번디시라는 단일 품종 바나나라고 한다. 바나나는 줄기를 땅에 심으면 새로운 나무로 자라나기 때문에 한 가지 품종의 줄기를 전 세계에서 번식시켜 오늘날 우리가 먹는 바나나를 생산하고 있다. 그러다 보니 맛과 향, 모양까지 비슷한 형태와 품질을 가지고 있기에 상품으로 관리하기에 최상의 것이 되었다. 하지만 그만큼 끊임없이 전염병으로 인한 멸종의 위험이 이야기되고 있다.

와인을 만드는 포도는 기본적으로 비티스 비니페라라는 품종이다. 세계적으로 와인을 생산하기 이전인 19세기에는 유럽이 와인의 주 생산지였고 당시 유럽의 포도나무 역시 비티스 비니페라종이었다. 그러다가 19세기 중반 미국에서 유입된 필록세라라는 해충이 번져 19세기 말 무렵 유럽의 포도나무 밭은 거의 황폐화된다. 포도나무 재배면적이 거의 60%나 감소한 것이다. 이후 필록세라를 이겨내는 방법이 발견되어 다시 유럽 와인이 번성하게 되었다.

생물학적으로 생명체의 종이 다양하게 존재하는 것은 이러한 돌발적인 위협으로부터 전체 생명체를 보존하거나 번식하는 데 유리하기 때문이다. 물론 인간처럼 진화를 통해 상대적인 우위를 점유한 종은 다른 종에 비해 크게 번성해 개체 수에서 월등히 많은 비율을 차지하기도 하지만 여전히 종의 다양성은 매우 중요한 요소다.

운영체제 시장의 독점으로 악성코드가 쉽게 확산되고 있다

오늘날 전 세계 PC의 운영체제별 점유율을 살펴보면 90% 가까이가 마이크로소프트의 윈도우 운영체제이며 2% 남짓이 리눅스, 나머지가 맥 운영체제를 비롯한 기타 운영체제다. 이런 운영체제의 시장 독점 현상은 PC 초창기부터 이미 정착되어왔다. 컴퓨터 바이러스 및 악성코드의 확산과 랜섬웨어의 위협까지 대부분의 공격이 윈도우 운영체제에 집중되어 있기 때문에, 윈도우 사용자들은 이런 지속적인 위협에 익숙해져 있다.

스마트폰 시장은 조금 다른 상황이었다. 스마트폰 등장 초기에는

세계 스마트폰 판매 추이

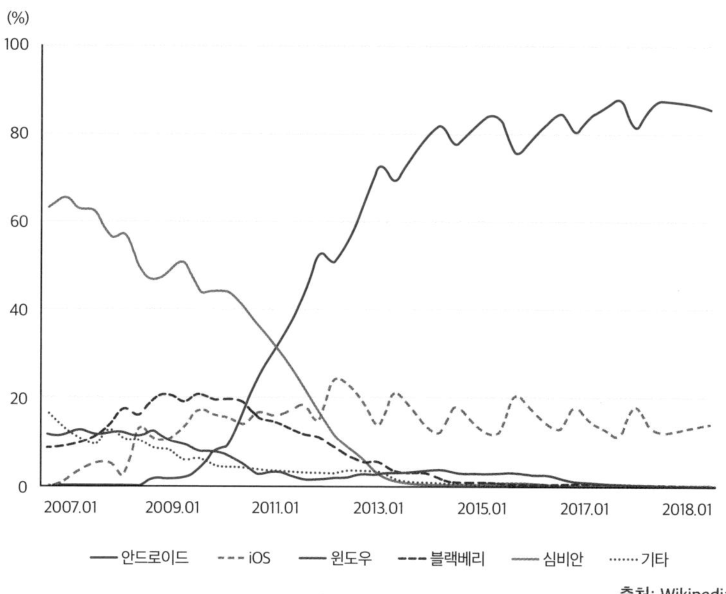

출처: Wikipedia

마이크로소프트의 윈도우 모바일과 RIM의 블랙베리 운영체제, 애플의 iOS와 구글의 안드로이드, 노키아의 심비안 등이 있었으며, 최근까지도 리눅스 기반의 미고 운영체제와 삼성 타이젠, 바다 등이 이야기되곤 했다. 하지만 IDC의 자료에 따르면 2017년 1분기 기준으로 모바일 운영체제 점유율은 안드로이드 계열이 85%, iOS 계열이 14.7%로 시장의 거의 대부분을 장악하고 있다. PC 운영체제와 동일한 현상이 발생한 것이다. 그리고 2015년 한 보고서에 따르면 모바일 악성코드의 97%가 안드로이드 운영체제를 목표로 하고 있다고 한다.

바나나의 경우와 같이 IT 시장에서도 표준화되고 규격화된 제품이 높은 점유율을 갖는 것이 여러 면에서 유리하다. 점유율이 높다면 전체적으로 개발비를 줄일 수 있고 플랫폼에 애플리케이션 생태계를 꾸미기에도 수월하다. 하지만 이러한 단일종의 과도한 지배는 특정한 위협에서 한 번에 전체 시스템 또는 사회가 큰 영향을 받을 수 있다는 것을 의미하기도 한다.

이제 인공지능의 시대로 접어들고 있다. 여러 분야에서 인공지능의 응용을 위한 개발이 치열하다. 자율주행차에서 의료·법률 서비스, 제조업 분야는 물론 국가적으로 군사 영역을 비롯한 전략적인 영역에 이르기까지 인공지능이 점점 더 중요하게 활용되고 있다. 몇 년 전 페이스북의 마크 주커버그와 테슬라의 일론 머스크가 인공지능의 발전이 인류에게 위협이 될 것인가의 여부를 두고 설전을 벌였다고 한다. 향후 인류가 인공지능을 어떻게 이용하는가에 따라 두 사람의 주장이 둘 다 맞을 수도 있을 것이다.

인공지능이 확산될 미래에 다양성의 부재는 심각한 위협이 될 가능성이 있다

아마도 인공지능 기술은 지금의 PC나 스마트폰의 운영체제처럼 인공지능 플랫폼 형태로 발전할 것이다. 만약 인공지능 분야에서 우월한 경쟁력을 가진 플랫폼이 등장해 다른 플랫폼을 누르고 시장의 지배적인 위치에 올라섰다고 가정해보자. 하나의 플랫폼이 사회, 국가적으로 중요한 거의 모든 분야에서 사용되고 있을 때 어떤 악의적인 공격으로 인해 오염되었다고 상상해보면 머스크의 우려에 공감이 간다.

그런 면에서 IT 분야도 종의 다양성을 고민해봐야 하지 않을까 생각된다. 인공지능이 진정으로 인류에 위협이 되는 상황은 인공지능을 어떻게 사용하느냐에 달려 있다기보다, 전 세계의 거의 모든 분야에서 단일 인공지능 플랫폼이 사용되는 것이 아닐까? 유명한 SF 영화에서 그런 미래를 보여주었듯이 말이다. 바로 스카이넷(영화 〈터미네이터〉에 등장하는 인공지능시스템)이 세상을 지배하는 것이다.

✓ **주커버그와 머스크의 인공지능 논쟁:** 2017년 7월 페이스북의 창업자 마크 주커버그와 테슬라의 일론 머스크는 인터넷상에서 인공지능의 위험성에 대해 서로 논쟁을 벌였다. 머스크는 2014년부터 수년간 인류가 인공지능의 지배를 받거나 영화 <터미네이터>에 나올 법한 로봇 반란에 직면할 수도 있다고 주장해왔다. 머스크는 인공지능보다는 우주 탐사나 지하 터널을 통한 운송수단 개발에 관심이 많지만, 인간의 뇌와 컴퓨터를 연결하는 기술 개발에 나선 스타트업 '뉴럴링크'를 설립했다. 머스크는 인공지능이 인류를 제거하지 못하게 하려면 인간의 뇌를 컴퓨터에 연결해 인류가 컴퓨터만큼 똑똑해져야 한다고 주장했다. 반면 주커버그는 인공지능 긍정론자다. 페이스북은 2016년 4월 채팅 서비스를 공개하면서 인공지능 개발에 뛰어들었음을 밝힌 바 있다. 주커버그는 개인적으로 자신의 집을 운영하는 인공지능 시스템을 개발해 지난해 말 일부 기능을 영상으로 공개했다. 이 시스템에는 영화 〈아이언맨〉에 등장하는 인공지능인 '자비스'라는 이름이 붙었고 목소리의 주인공은 영화배우 모건 프리먼이다.

FANG의 차별화와 비즈니스 모델

FANG는 미국 나스닥 상장 기업들 중에서 탁월한 성과를 내고 있는 페이스북, 아마존, 넷플릭스, 그리고 지금은 알파벳으로 이름을 바꾼 구글을 일컫는 말이다.

그런데 최근 페이스북의 미래에 대한 어두운 전망이 등장하고 있다. 페이스북의 미래가 어두워지게 된 배경에는 세계적으로 강화되고 있는 규제와 보안사고의 여파가 지적된다. 다음 그림에서 보이는 것처럼 알파벳(구글의 새 이름)의 주가 역시 2019년 중반 큰 폭의 하락이 있었다. 구글도 최근 유럽에서 안드로이드 운영체제와 관련해 독점 논란에 휘말렸다.

반면 아마존은 창업자 제프 베조스를 세계 최고의 부자로 등극시

FANG 주가 추이: (시계 방향으로) 페이스북, 아마존, 넷플릭스, 알파벳의 주가 추이. 페이스북은 미래가 어두워 보이며, 알파벳도 안정적이지 않다. 아마존과 넷플릭스는 비교적 안정적인 성장세를 보이고 있다. 출처: Google

키며 지치지 않는 성장을 지속하고 있다. 넷플릭스는 큰 폭의 성장 후 디즈니 등 막강한 경쟁자의 출현으로 조금 흔들렸지만 다시 성장세를 보이고 있다.

FANG 기업들의 주가 추이를 보면 한때 출렁임이 있었으나 꾸준한 성장세를 보인다. 그런데 구글, 페이스북, 아마존, 넷플릭스의 차이점은 무엇일까?

무료 서비스와 유료 서비스는 근본적으로 다른 비즈니스 요건을 요구한다

가장 큰 차이점은 비즈니스 모델의 형태다. 아마존은 탄생 초기부터 기본적으로 돈이 오가는 수익 모델이었다. 인터넷 서점으로 시작해서 전자상거래의 다양한 분야로 확장을 했으나, 기본은 판매 수수료를 받는 모델이다. 넷플릭스 역시 우편을 통한 DVD 대여 시스템을 시작으로 세계적인 콘텐츠 기업으로 성장했으며 처음부터 가입비를 받는 유료 서비스 모델이었다. 구글은 수많은 혁신적인 기술 분야에 투자를 하고 있어 하나의 비즈니스 모델로 볼 수 없는 기업이지만, 크게 검색 서비스와 모바일 운영체제 분야로 보면 오픈소스 또는 무료 서비스 기반의 비즈니스 모델이다. 페이스북은 광고 분야 이외에 뚜렷한 유료 모델이 없는 서비스를 지속하고 있다. 구글과 페이스북은 시작부터 무료 서비스를 제공하며 출발했다.

1990년대 말 닷컴 버블 시기에 수많은 인터넷 기업들이 등장했으나 버블이 꺼질 때 흔적도 없이 사라진 가장 큰 이유는 대부분의 기업들이 자신의 서비스를 무료로 제공했기 때문이다. 이 기업들은 일단 가입자를 많이 확보한 후에 이를 기반으로 수익을 올릴 수 있을 것이라는 공통된 믿음을 가지고 있었다. 그렇게 무리한 가입자 확보에만 치중하다가 자본이 바닥나거나 유료 서비스로 성공적인 전환을 하지 못해 파산에 이르렀다. 물론 그때 무료 서비스 모델로 사업을 시작하긴 했으나 경쟁자들의 소멸로 현재 지배적인 서비스 업체가 된 기업들도 있다. 대표적으로 구글이 그렇고 우리나라에는 네이버와 카카오가 있다.

반면 당시 유료 서비스를 기반으로 성장한 기업인 이베이, 세일스포스, 익스피디아 등은 현재도 건재하다. 물론 모든 유료 서비스 모델이 성공한 것은 아니지만 일단 본궤도에 오르면 쉽게 무너지지 않았던 반면, 무료 서비스 모델은 비록 본궤도에 오를지라도 지속적인 안정성 확보가 쉽지 않았다. 현재 위키피디아에서 전 세계 인터넷 기업들 중 연 매출 10억 달러 이상을 달성한 50개의 기업들(2019년 12월 기준)을 보면 거의 대부분 유료 서비스 모델을 기반으로 하고 있음을 알 수 있다.

무료 서비스 비즈니스에서 고객을 지속적으로 유지하기는 어렵다

무료 서비스는 고객을 모으기 쉽다. 당연한 이치다. 또한 일단 확보한 고객들의 숫자가 감소하는 일도 드물다. 비용이 들지 않으니 웬만하면 탈퇴라는 번거로운 일을 하지 않기 때문이다. 서비스에 대한 즉각적인 피드백을 고객에게서 받을 수도 없다. 반면 유료 서비스의 고객은 서비스의 만족도에 민감하다. 비용을 지불한 만큼 서비스가 만족스럽지 못하다면 즉시 불만을 제기하고 언제든 탈퇴한다. 따라서 유료 서비스는 고객만족에 민감할 수밖에 없으며 경쟁에서 뒤지지 않기 위해 지속적으로 노력하게 된다. 그리고 유료 서비스는 1위가 아니더라도 가격이 저렴하면 이를 선택하는 고객이 있으나, 무료 서비스에는 어차피 무료이기에 2위가 존재하지 않는다.

무료 서비스를 제공하는 기업의 경우 일단 가입자를 쉽게 확보했으나 서비스 제공에 막대한 비용이 들기에 결국 수익 모델을 만들어야 한다. 그런데 사용자에게서 직접 비용을 받을 수 없는 무료 서비스를 제공하기에 결국 사용자 수를 기반으로 한 수익 모델을 만들어야 한다. 가장 대표적인 것이 광고를 통한 수익이다. 하지만 광고 수익 모델은 치명적인 단점이 있다. 바로 고객들의 불만을 가져온다는 것이다. 고객이 무료 서비스를 사용한다고 해서 무차별적으로 쏟아지는 광고를 당연하게 받아들이지는 않는다. 결국 무료 서비스를 통해 막대한 비용을 들여 어렵게 확보한 고객이 떠나게 된다. 사용자 수를 기반으로 광고 수익 모델을 제시했던 기업들이 성공하지 못한 이유다.

무료 서비스의 또 다른 수익 모델은 고객의 정보를 외부에 파는 것이다. 페이스북이 곤경에 처한 것처럼 이 수익 모델은 매우 위험한 측면이 있다. 물론 서비스 기업의 입장에서는 무료로 서비스를 받는 만큼 고객도 이를 인정해줘야 한다고 생각하겠지만, 대부분의 무료 사용자들은 기업의 입장을 이해하지 못한다. '무료 서비스에서는 사용자가 곧 상품'이라는 사실을 자연스럽게 받아들이는 사용자는 많지 않다. 또한 서비스 기업의 입장에서도 정보 제공을 통한 수익에 골몰하다 보면 결국 넘지 말아야 할 선을 넘게 되기도 한다. 이는 곧 비즈니스에 치명적인 문제를 야기하게 된다.

최근 페이스북과 트위터의 미래에 대한 어두운 전망이 제기되고 있지만 아직은 비관적으로 보이지는 않는다. 소셜 네트워크 부문에서 막강한 사용자 지배력을 가지고 있기 때문이다. 그리고 뚜렷한 경쟁자가 있는 것도 아니다. 그렇지만 향후에는 무료 서비스 모델을 들고 나올 기업은 거의 없을 것으로 생각된다. 이미 인터넷 서비스 시장은 포화 상태이고 무료 서비스 모델은 고객 확보에 막대한 비용이 들기 때문이다.

지난 세월 무료 서비스를 기반으로 지속적인 성장을 이루어낸 지금의 거대 인터넷 기업들이 앞으로도 성장세를 지속할지는 미지수다. 사용자의 거부감을 불러일으키지 않으며 세계적으로 강화되고 있는 정보보호 규정에도 어긋나지 않는 새로운 수익 모델을 찾아내야 성장을 지속할 수 있을 것으로 생각된다. 기업 입장에서 "공짜 점심은 없다."라는 생각으로 사용자에게 다양한 요구를 하겠지만 이럴 경우 사용자에게는 "싼 게 비지떡"이라는 말이 더 가슴에 와닿는다.

4장

미래에 부는 바람

알아두면
쓸모 있는
IT 상식

미래 사회의 핵심 요소와 모바일 서비스

몇 년 전부터 국내 스마트폰 시장이 마이너스 성장을 할 것이라는 예측이 여러 곳에서 나왔었다. 어떤 기사에서는 10%가 넘는 마이너스 성장을 예상하기도 했다. 실제로 2018년에는 판매량 감소로 마이너스 성장률을 기록했다. 그동안 폭발적인 성장을 지속하던 스마트폰 시장이 처음으로 마이너스로 돌아선 것도 놀라운데 그 폭은 더욱 놀라웠다. 주변을 둘러보면 스마트폰을 사용하지 않는 사람을 찾기 어려운 상황이니 시장은 이미 포화 상태라고 해도 과언이 아니다. 이런 상황에서 성장이 정체되거나 축소되는 것은 어떻게 보면 크게 놀랍지 않은 일이다.

이런 시장 상황 때문인지 요즘 언론에서는 스마트워치나 폴더블

(화면을 접을 수 있는) 디스플레이에 대한 내용이 화제가 되고 있다. 아마도 이런 시장상황을 돌파할 차세대 상품에 대한 기대와 관심 때문일 것이다. 2019년 하반기에는 수년 전부터 언급되던 폴더블 디스플레이 기술을 이용한 폴더블 스마트폰 제품들이 우여곡절 끝에 시장에 나왔다. 초기 반응은 예상보다 호의적이라 평가되지만 폴더블 스마트폰이 전체 스마트폰 시장에 다시 활력을 불어넣을 수 있을지는 아직 미지수다. 이미 기술이 보편화된 스마트폰 시장에서 하드웨어로 제품의 차별성을 부각하기란 쉽지 않은 일이다.

미래 스마트폰의 핵심 경쟁력은 하드웨어가 아닌 서비스가 될 것이다

그런데 왜 세계 최고의 경쟁력을 가진 글로벌 IT 강국이라는 우리나라에서 스마트폰 하드웨어 시장만 크게 발달한 것일까? 왜 그다음으로 추구하는 것 역시 스마트워치나 폴더블 디스플레이 같은 하드웨어 기술에 의존한 제품일까? 나는 웨어러블(시계, 안경, 반지처럼 사람 몸에 걸칠 수 있는) 컴퓨팅을 위한 기기 시장은 스마트폰의 확산 속도처럼 급속하게 성장할 수 없다고 생각한다. 그리고 한편으로는 스마트폰의 발전이 아직 끝나지 않았다는 생각이 들기도 한다.

그런 면에서 로버트 스코블과 셸 이스라엘의 저서 『컨텍스트의 시대』는 나에게 많은 공감과 가능성을 느끼게 해준 책이다. 책에서 저자는 모바일의 중심은 스마트폰이 될 것이며 이를 지원하는 확장 도구로 센서의 중요성을 강조하고 있다. 센서는 웨어러블 디바이스의 형태로 사람의 몸에 부착될 수도 있고 자동차 또는 가전제품에 있을 수도 있다. 하지만 독자적인 기기가 아닌 스마트폰을 중심으로 하는 확장기기의 성격을 갖는다. 이 센서들이 생성하는 데이터들을 활용해 의료, 마케팅, 보안·안전, 편의성 등 기존 스마트폰이 커버할 수 없었던 영역까지 응용 분야를 확장할 수 있다고 하며 구체적인 사례와 이를 비즈니스 모델로 하는 신생기업들을 소개하고 있다.

책에서 소개된 사례 중 나의 흥미를 끈 것은 미국프로풋볼리그(NFL) 뉴잉글랜드 패트리어츠 구단의 사례다. 올해 국내의 프로야구 관중이 지난해에 비해 9% 감소했다는 기사를 본 적이 있는데, 미국의 NFL 관중도 매년 2%가량 줄어들고 있다고 한다. 그 원인은 HDTV의 보급 확대에 따라 집이나 근처 술집에서 스포츠 경기를 관람하는 사람들이 늘어나고 있기 때문이다.

뉴잉글랜드 패트리어츠는 관중 서비스 강화를 위해 홈구장에 최대 7만 명이 동시 접속할 수 있는 와이파이망을 구축했다고 한다. 경기장에 입장한 관중들은 이 와이파이망을 통해 실시간으로 제공되는 리플레이 영상을 자신의 스마트폰 애플리케이션으로 볼 수 있다. 또 경기장에 설치된 각 선수를 위한 전용 카메라를 통해 전송되는 영상 중에서 자신이 좋아하는 선수만을 클로즈업해 볼 수도 있다. 이는 경기장에서의 경기 관람은 현장감은 넘치지만 리플레이와 클로즈업 영상을 볼 수 없다는 단점을 획기적으로 개선할 수 있는 서비스가 아닐까? 더구나 자기 자리에 앉아서 맥주와 안주를 주문할 수 있고 자리에서 가장 가까운 화장실까지 가는 경로를 알려주는 서비스도 있다고 한다.

나는 커피를 아주 좋아해서 커피전문점에 자주 가는 편이다. 업무 미팅을 할 때도 커피전문점을 이용할 때가 많다. 프랜차이즈 카페에 가면 주문 후 진동벨을 받고 쿠폰을 사용하기도 한다. 이런 서비스를 스마트폰 기반으로 통합할 수도 있지 않을까? 이러한 서비스는 이미 스타벅스 코리아에서 사이렌오더라는 기능을 가진 스마트폰 애플리케이션을 출시함으로써 시행되고 있다. 매장에 들어가면 GPS로 해당 지점을 인지해서 스마트폰으로 메뉴를 골라 주문한 후 쿠폰도 적립할 수 있으며, 주문한 커피가 나오면 스마트폰에 진동을 울리게 할 수도 있다. 심지어 매장에 도착하기 전에 미리 주문을 하고 매장에 도착했을 때 주문한 메뉴를 바로 수령할 수도 있다.

책에서는 그 외에도 의료 분야에 센서가 결합해 스마트폰이 원격 건강관리 및 모니터링의 핵심으로 사용되고, 자동차와 연계해 자동차 IT 인프라의 중심이 될 수도 있다고 말한다. 클라우드 서비스와 연계된 빅데이터 분석을 통해 핀포인트 마케팅의 수단으로도 사용되며, 최근 주택에 적용되고 있는 인텔리전트 서비스를 스마트폰을 통해 통합한 사례도 소개한다.

또한 승객의 현재 위치에서 가장 가까운 곳에 있는 차량을 호출할 수 있는 택시 서비스도 소개하고 있다. 목적지를 스마트폰으로 미리 지정해두면 차에 탑승한 후 목적지를 따로 설명할 필요도 없고, 도착

시 자동으로 요금이 결제되어 그냥 내리기만 하면 된다. 이것들은 이미 우리가 경험하고 있거나 가까운 미래에 접하게 될 서비스들의 일부일 뿐이다.

스마트폰과 이동통신망, 센서, 소셜, 위치기반이 통합된 서비스가 미래 시장을 주도할 것이다

이렇듯 센서와 이동통신망, 위치기반 및 소셜을 통합할 수 있는 스마트폰은 무궁무진한 발전 가능성을 가지고 있다. 스마트폰 시장이 포화 상태에 이르렀다는 것은 이러한 서비스를 개발하고 제공하기 위한 최적의 사용자 환경이 갖춰져 있다는 뜻이다. 『컨텍스트의 시대』에서 소개하고 있는 여러 사례처럼 이미 이러한 서비스를 개발해 제공하고 있는 신생기업들이 있다. 우리나라가 IT 강국의 지위를 유지하고 또 우수한 인적자원을 활용해 고부가가치의 서비스와 제품을 지속적으로 발전시키고자 한다면 이제부터 소프트웨어와 데이터에 더 큰 관심과 노력을 기울여야 할 것이다.

20세기 초 철도 발전이 경제의 혁명을 불러왔듯이, 그리고 20세기 말 웹사이트의 등장이 생활에 큰 변화를 가져왔듯이, 포화 상태에 다다른 스마트폰은 세상의 또 다른 급격한 진화를 예견하는 징후는 아닐까? 모바일 기기가 개개인의 생활에서는 많은 변화를 가져다주었지만 기업 정보시스템 영역에서는 아직까지 큰 변화를 주지 못하고 있다. 향후 기업의 모빌리티 분야 확산의 실마리도 하드웨어가 아닌 소프트웨어와 데이터를 기반으로 한 서비스 분야가 될 것이라 생각한다.

‘21세기 자본’과 IT

몇 년 전 딱딱하고 재미없는 경제학 서적이 아마존에서 베스트셀러가 되어 화제가 된 적이 있다. 프랑스 파리경제대학 교수인 토마 피케티가 쓴 『21세기 자본』이다. 이 책은 20세기 이후 세계 주요 국가들의 부의 분배와 불균형, 부의 소수 집중에 따른 양극화에 대해 방대한 데이터를 기반으로 논리를 전개한 것으로 유명하다. 부의 양극화가 시간이 갈수록 더 심화되고 있다는 이 책의 주장은 많은 사람들에게 공감을 얻었다. 여러 신문기사에서 지적했듯 대한민국에서도 부의 양극화는 시간이 갈수록 더 심화되고 있다. 그렇다면 이러한 양극화를 IT 영역에서 살펴보면 어떠한 상황인가?

부의 양극화처럼 IT 분야에서도 양극화 현상이 두드러진다

내가 엔지니어 생활을 하던 1990년대에는 탠덤이라는 서버 회사가 있었다. 당시는 하드웨어가 안정적이지 못해 운영 중 하드웨어 장애를 완전히 배제할 수 없던 시절이었는데, 탠덤에서는 모든 하드웨어 구성을 완전히 이중화한 제품을 출시했다. '무정지 시스템'이라는 말을 사용할 만큼 기술에 자신이 있었던 회사였다. 그 외에도 DEC, 피라미드, 왕 등 여러 서버 회사들이 다양한 시스템을 출시하고 있었다.

오늘날은 어떤가? 나는 기업에서 IT 시스템을 담당하고 있기 때문에 신규 서버 시스템을 도입해야 할 때가 종종 있다. 최근에는 기업에서 도입을 검토해볼 만한 중대형 서버 시스템을 공급할 수 있는 회사는 한 손으로 꼽고도 손가락이 남는다. 예전의 수많은 서버 기업들이 인수합병 또는 폐업으로 사라졌기 때문이다.

소프트웨어 부문은 어떤가? 1990년대에는 소프트웨어에 대해서도 많은 기업들이 다양한 솔루션을 제공하고 있었다. 데이터베이스, 미들웨어, 개발도구 및 데이터분석 등 각 분야마다 여러 기업들이 솔루션을 제공했다. 그러나 IT 시장이 침체되기 시작한 2000년 이후 10여 년이 지나면서 대부분의 소프트웨어 기업들 역시 몇몇 글로벌 소프트웨어 기업에 인수합병되면서 사라졌다. 이제 소프트웨어 분야의 기업들도 한 손으로 꼽을 수 있을 만큼 그 수가 줄어들었다.

이렇게 하드웨어 및 소프트웨어 기업들의 수가 줄어들면서 소수 기업에 수요가 집중되고 있는 원인은 우선 전반적으로 IT 시장이 침체되었기 때문이라고 생각한다. 하지만 그것이 전부는 아닌 것 같다. 최근 몇 년간 폭발적으로 성장한 모바일 분야를 살펴봐도 최근 벌어지고 있는 양극화 현상은 동일하기 때문이다. 블랙베리나 모토로라, 그리고 한때 스마트폰 시장에서 두각을 나타내던 HTC 등의 기업들이 몰락하는 것을 보면 양극화 현상의 원인이 단지 침체된 시장 때문만은 아닌 것으로 보인다. 즉 스마트폰 시장에서도 다양한 단말기 제조 회사가 각축하는 것이 아니라 소수의 단말기 제조사가 대부분의 시장을 차지하고 있는 상황이다. 침체되지 않은 분야에서도 왜 이런 소수 기업 집중현상이 벌어지는 것일까?

소위 승자독식이라는 논리가 IT 분야의 양극화를 초래하고 있다. 경제학에서는 양극화가 벌어지는 이유를 자본의 수익률이 노동의 수익률보다 크기 때문에 자본을 가진 계층은 시간이 갈수록 점점 더 부가 많이 축적될 수밖에 없다는 논리로 설명한다. 마찬가지로 IT 분야에서도 시장에서 1위를 하는 제품에 대한 소비자의 수요가 몰려서 1위 기업은 점점 더 성장하고 그 외의 기업들은 몰락해 결국 1위 기업에 인수합병되거나 도산한다. 스마트폰 운영체제 점유율 1위를 차지하고 있는 안드로이드를 기반으로 한 삼성의 스마트폰이 우위를 차지하는 것을 보면 쉽게 이해할 수 있다.

여기에 최근 보도된 소프트웨어의 특허권 강화 정책은 안 그래도 소수에 집중되고 있는 소프트웨어 시장을 더욱더 소수에 집중되게 할 가능성이 높다. 특허권이 강화되면 막강한 자본력을 가진 거대 소프트웨어 기업들의 특허 공세에 중소 소프트웨어 기업들은 생존하기 힘들 것이다. 또한 창의력을 핵심으로 하는 소프트웨어 분야에서 소수 집중화에 대응하기 위한 유력한 대안으로 떠오르고 있는 오픈소스 소프트웨어의 발전에도 특허권 강화 정책이 장애가 될 수 있다.

부의 양극화와 마찬가지로 IT 분야의 양극화도 부정적인 측면이 많다

이러한 승자독식에 따른 양극화는 궁극적으로 IT 소비자에게 결코 유리할 것이 없다. 당장 기업에서 서버 솔루션을 도입하고자 할 때 검토할 만한 솔루션이 몇 가지나 되는가? 선택의 폭이 좁다 보니 사용자 입장에서는 다양한 선택을 하기 어렵다. 이러한 문제점은 하드웨어 분야보다 소프트웨어 분야에서 더 분명하다. 글로벌 소프트웨어 기업들이 매년 지속적으로 연간 라이선스 유지 비용을 적지 않은 폭으로 인상하고 있지만, 소비자는 다른 선택의 여지가 없으니 점점 높은 비용을 지불하면서 이용할 수밖에 없는 것도 그런 문제점 중 하나다.

하지만 단순한 협상 대안 및 운영 비용 차원에서의 문제만이 아니라 향후 모든 기업들이 소수의 IT 벤더들에게 의존해야 하는 상황이 심화된다는 것이 더 큰 문제가 될 수 있다. 하드웨어와 달리 소프트웨어는 일단 사용하고 있는 소프트웨어에서 다른 것으로 변경하기가 어렵다. 대표적인 사례로 PC 운영체제와 오피스 프로그램을 생각해보라. 기업에서 핵심 정보시스템으로 사용하고 있는 ERP 소프트웨어의 경우에는 이제 거의 2개의 기업이 시장을 과점하고 있는 상황이다. 시간이 갈수록 이러한 의존성은 더욱더 깊어질 것이다. ERP의 경우 2019년 기준으로 거의 한 기업의 독점체제라고 볼 수 있다.

더 큰 문제는 IT 분야의 이러한 양극화를 인지하고 있지만 추세를 변화시킬 효과적인 대안이 없다는 점이다. 피케티 교수는 경제 분야의 양극화에 대한 해결방안으로 전 세계적인 부유세의 신설과 고소득층에 대한 높은 세금 부과를 주장하고 있지만 현실적으로 실현 가능성이 낮다. 마찬가지로 IT 분야의 양극화 역시 해결책이 아예 없다고 할 수는 없지만 현실적으로 불가능하거나 매우 어려울 것이다.

소수의 IT 벤더들에 의해 모든 기업의 운영이 좌우되는 상황에서 기업은 과연 아무런 문제가 없을까? 당장 부의 집중에 따른 양극화의 문제점을 피부로 실감하지 못하는 것처럼 IT 분야의 소수 집중 및 양극화에 대한 문제점을 체감하긴 어렵다. 그렇다 해도 IT 양극화를 경계하고 극복하기 위한 대책을 고민해야 하지 않을까? 당장은 비용 대 효과 측면, 편익 측면에서 불리할지 몰라도 소수 집중을 막을 수 있는 대안을 찾아 실행하는 방안을 고민해봐야 하는 것은 아닐까? IT 소비자 전체의 고민이 필요한 문제다.

〈인터스텔라〉와 〈2001 스페이스 오디세이〉

나는 SF 영화를 아주 좋아한다. 그래서 웬만큼 인기를 끌었던 대부분의 SF 영화는 거의 보았을 정도다.

국내에서 아주 큰 인기를 끌었던 영화 〈인터스텔라〉를 기억할 것이다. 〈인터스텔라〉의 개봉 소식을 처음 접한 이후 국내 개봉일만을 손꼽아 기다렸다. 개봉하는 첫 주말에 예매를 하고 마음이 설레어 아침 일찍 일어날 만큼 큰 기대를 했다. 개인적으로 SF 영화의 최고봉을 접할 것이라 기대했지만 정작 관람을 마친 후에는 한 편의 휴먼스토리를 본 느낌이 들어 아쉬웠다. 하지만 영화를 통해 한 가지 재미있는 점을 발견했다.

컴퓨터 인터페이스의 미래는 자연스러운 음성대화 방식이다

〈인터스텔라〉를 보면 오래전에 개봉했던 영화 〈2001 스페이스 오디세이〉를 떠올리지 않을 수 없다. 〈2001 스페이스 오디세이〉는 스탠리 큐브릭 감독의 1968년 영화로, SF 영화 팬이라면 모르는 사람이 없을 정도로 유명한 걸작이다. 〈인터스텔라〉와 〈2001 스페이스 오디세이〉는 미지의 대상을 찾아 우주를 항해한다는 비슷한 내용의 영화다. 하지만 〈인터스텔라〉가 휴먼 스토리에 치중한 것과 달리 〈2001 스페이스 오디세이〉는 철저하게 과학적·기술적 고증에 집중한 순수 SF 장르다. 두 영화가 비슷한 듯하면서 다른 영화인 이유다. 그런데 두 영화에서 공통적으로 등장하는 중요한 조연 배우가 있으니 바로 컴퓨터다. 두 영화에서 컴퓨터는 아주 중요한 역할을 한다.

〈인터스텔라〉에는 타스와 케이스, 킵이 등장한다. 〈2001 스페이스 오디세이〉에는 할(HAL)-9000이 등장한다. 모두 뛰어난 인공지능 컴퓨터이며 자연스러운 대화능력을 가졌다는 것이 공통점이다. 영화 전반에 걸쳐 주인공은 컴퓨터와의 소통을 거의 대화에 의존한다. 〈인터스텔라〉의 컴퓨터에는 그래픽도 아닌 텍스트 기반의 모니터가 전면에 달려 있다. 왜 달려 있는지 모르겠다. 오늘날 컴퓨터는 모니터와 키보드, 그리고 마우스가 주요 인터페이스를 담당하고 있고, 보조 수단으로는 사운드를 출력하는 스피커가 있다. 스마트폰의 경우에는 터치와 디스플레이가 주요 인터페이스다. 아직까지 현실에서는 두 영화에서처럼 컴퓨터의 주요 인터페이스로 대화 방식이 본격적으로 활용되고 있지는 못한 상황이다. 두 영화가 보여주는 대화를 통한 자연스러운 상호작용은 컴퓨터 인터페이스의 궁극적인 미래가 아닐까?

회사의 업무 처리상황을 생각해보자. 임원이 뭔가 궁금한 것이 있으면 "김 대리, 작년 우리 제품별 매출이익 월별 추이가 어떻게 되지?"라고 묻는다. 그러면 김 대리는 열심히 컴퓨터를 조회해 자료를 정리해서 메일로 보내거나 직접 보고를 할 것이다. 만약 대상이 CEO라면 좀 더 정리하고 요약한 후에 대면 보고를 하게 될 것이다. 또 아이들은 아빠에게 이렇게 묻는다. "아빠, 나무는 왜 흔들려?" "아빠, 바다는 왜 파래?" 우리는 일상생활에서 뭔가 궁금하거나 정보가 필요할 때 물어볼 사람이 있다면 바로 물어본다. 주위에 물어볼 사람이 없을 때 비로소 컴퓨터 키보드나 마우스에 손이 가게 되는 것이다. 그리고 모니터를 들여다본다. 아직까지 컴퓨터는 말이 없고 대화가 통하지 않는 상대다. 그런데 앞으로는 달라질 것 같다.

애플의 시리 이후 구글, 아마존 및 국내 업체들도 음성대화 방식 개발에 적극적이다

2011년 애플에서 '시리(Siri)' 인터페이스를 처음 발표했을 때 내가 매우 감명받았던 이유는 바로 컴퓨터 인터페이스의 미래는 바로 음성을 통한 대화 방식이라고 생각했었기 때문이다. 시리야말로 정말

음성인식 스피커 제품들: (왼쪽부터) 아마존 '에코', 애플 '홈팟', 구글 '구글 홈'

출처: Frmorrison, Rick4512, NDB Photos(Google Home tech) - Wikipedia

애플다운 시도이며 컴퓨터 인터페이스의 미래를 열어줄 것이라고 생각했다. 하지만 아쉽게도 아직까지 한국어에 대한 이해가 부족하며, 시리를 통해 할 수 있는 일의 범위가 한정적이어서 초기의 기대감은 많이 사라졌다.

그래도 음성대화 방식이 궁극적인 미래의 컴퓨터 인터페이스라는 생각에는 변함이 없다. 이후 시리의 음성인식 기능은 지속적으로 개선되었고 애플에서 출시한 홈팟 스피커와 연동되면서 더욱 활용 범위가 넓어지고 있다. 구글도 음성인식시스템인 구글 홈을 통해 매우 다양한 서비스를 제공하고 있으며, 아마존에서도 인공지능 플랫폼인 알렉사를 이용하는 에코 스피커를 출시했다.

국내에서도 SK텔레콤, KT, LG유플러스 등 주요 인터넷 기업들이 인공지능이 결합된 음성인식 스피커 제품을 출시했다. 자연스러운 대화 방식을 통한 인공지능 서비스가 현실에서 점차 확산되고 있다. 이미 국내에서도 인공지능 스피커가 빠르게 보급되고 있는 추세다.

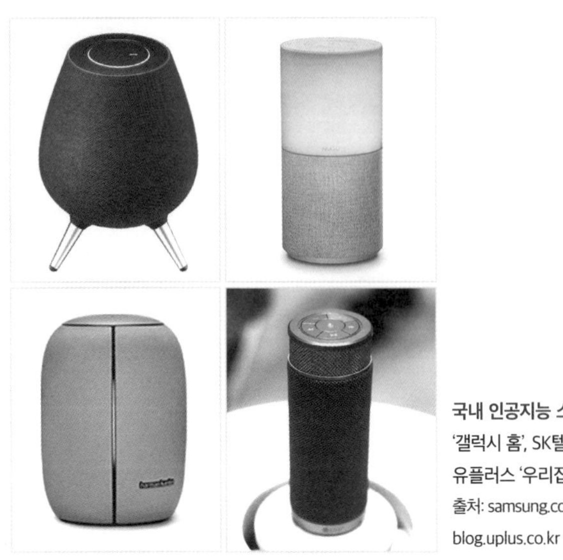

국내 인공지능 스피커: (시계 방향으로) 삼성전자 '갤럭시 홈', SK텔레콤 '누구', KT '기가지니2', LG 유플러스 '우리집 AI'
출처: samsung.com, nugu.co.kr, gigagenie.kt.com, blog.uplus.co.kr

〈인터스텔라〉와 성향은 전혀 다르지만 호아킨 피닉스가 주연한 영화 〈그녀(Her)〉 역시 인공지능 컴퓨터가 사람과의 자연스러운 대화가 가능한 설정으로 스토리가 전개된다. 얼마나 대화가 자연스럽고 목소리가 생생했으면 주인공이 컴퓨터와 사랑에 빠지겠는가? 영화에서는 그런 모습이 자연스럽지만 현실과는 아직 거리가 멀다. 인공지능 연구의 초창기부터 컴퓨터와의 자연스러운 대화를 목표로 연구해왔으나 애플의 시리의 서비스 수준을 보면 아직까지도 가야 할 길이 먼 것 같다.

SF 영화는 어디까지나 영화일 뿐이지만 언젠가는 현실화될 모습이기도 하다. 영화에서처럼 자연스러운 음성대화 방식 인터페이스가 가져올 영향력은 매우 클 것이며, 음성대화 방식은 미래 컴퓨터 인터페이스의 핵심으로 등장할 것이다. 다만 아직까지 기술이 덜 발전했을 뿐이다.

더구나 미래 산업의 핵심이 될 로봇 분야를 생각해 보면 더욱더 분명해진다. 이미 일부 자동차회사는 음성인식 기능을 자동차에 채택하고 있고 앞으로도 관련 기술은 더욱더 발전할 것이다. 아이들도 궁금한 것이 있을 때 더 이상 부모에게 묻지 않게 될 수도 있다. 그런데 아무리 기술이 발전해 자연스러운 대화 방식이 사람과 컴퓨터 사이에 가능해진다고 해도 나는 컴퓨터와 사랑에 빠져 컴퓨터를 질투하는 일은 없을 것 같다.

디지털 시대에 대한 유감

얼마 전 작은방에서 어떤 물건을 찾으려고 했다. 그런데 분명히 어딘가에 둔 기억은 나는데 보이지가 않아 방의 책장 위에 쌓아둔 정체 모를 박스들을 모두 하나씩 열어보게 되었다. 그러다가 내가 연애 시절 주고받았던 편지들을 모아놓은 상자를 우연히 다시 열어보았다. 그러고는 물건 찾는 것을 잠시 잊은 채 편지 하나를 꺼내 읽어보며 오래된 기억을 추억해보는 시간을 가질 수 있었다.

우리는 지금 디지털 시대를 살고 있다. 문자와 숫자 정보의 디지털화에서 시작한 디지털 시대는 음악, 사진, 편지를 넘어 이젠 사람과 사람의 관계까지도 디지털화하는 세상으로 발전했다. 그 덕분에 예전과는 비교할 수 없을 만큼 많은 글과 사진을 개인이 만들어낸다. 페이스북에서, 인스타그램에서, 유튜브에서 매일 엄청난 양의 사진과 동영상과 글들이 창조되고 인터넷을 통해 흘러 다닌다. 분명 예전과는 비교도 할 수 없는 양의 정보들이 만들어지지만 정작 자신의 주위를 둘러보면 아무것도 없다.

우리가 갖고 있는 사진, 편지, 음악, 동영상은 모두 실체가 없는 디지털 형태다

음악은 스트리밍 서비스를 이용하다 보니 몇 년간 새로 산 CD나 음반은 한 장도 없다. 사진은 스마트폰이나 디지털 카메라를 이용해서 벽에 걸어놓은 액자의 사진은 아주 오래전 찍은 사진 그대로다. 책상에는 누구와 주고받은 편지 한 장 없으며 심지어 최근에는 새로 산 책도 한 권 없다. 모두 전자책 단말기 안에 있어서다. 콘텐츠가 가장 넘쳐나는 시대에 살면서 정작 주변을 돌아보면 최근 몇 년간 만질 수 있는 것이 별로 없는 시대를 살고 있는 것이다.

얼마 전 내가 사용하던 컴퓨터가 갑자기 멈추더니 아예 부팅이 안 되는 상황에 놓였다. 평소 백업이 중요하다고 생각해 스마트폰의 백업은 열심히 해놓았는데 생각해보니 그 백업 데이터가 모두 컴퓨터 안에 있었다. 최근 4~5년간 스마트폰으로 찍은 사진들이 전부 거기에 담겨 있었다. 다행히 수리 후 정상적으로 작동하게 되었고 데이터도 손상이 없었다. 하지만 문득 '사진 데이터가 손상되었으면 어떡하지?'라는 걱정과 함께 디지털 사진의 허망함이 새삼 피부에 와닿았다.

인류 문명은 문자를 발명하면서 시작되었다고 한다. 고대 문명에서 점토판에 문자를 새긴 기록이 오늘날까지도 전해지면서 당시 문명이 존재했음을 알려주고 있다. 그런데 디지털 시대에 우리에게 문자 기록이 어떠한 의미가 있을까? 모든 것이 디지털화되어 정보시스템 내에만 존재하는 날이 온다면 어떨까? 모든 게 디지털화된다면 인류가 가진 문명이 물리적인 수단으로 존재하지 않고 무형의 상태로만 유지되는 세상이 될 것이다. 그러면 역사의 유물 또한 유형의 실체로 남지 않게 될 것이다. 유명한 소설책의 초판도 없을 것이고 역사에 남을 음악의 초판 앨범도 없다. 개인적으로도 자신의 젊은 시절을 추억하게 해줄 음반이나 책이 물리적으로 존재하지 않는 세상에서 우리는 어떻게 지난날을 추억하게 될까?

언젠가 어떤 업체에서 페이스북에서 활동한 내역을 진짜 책으로 출판해주는 서비스를 제공하고 있는 것을 보았다. 어떤 면에서는 이렇게라도 오프라인으로 뭔가를 남겨두는 것이 먼 훗날 꽤 큰 가치를 가질지도 모른다는 생각이 들었다. 마치 집 안을 정리하다가 우연히 학창 시절에 적었던 오래된 일기장을 발견하고서 그리움을 느끼게 되는 것처럼 말이다. 나의 최근 10여 년간의 사진, 음악, 글, 생각들은 집에 있는 USB 외장하드에 들어 있다. 물론 이중으로 백업을 해놓기는 했지만 왠지 불안한 생각을 지울 수 없다. 그래서 우리 아이의 어렸을 적 모습을 담은 영상은 디지털 파일로 변환해놓았지만 여전히 비디오 테이프까지 보관하고 있다.

디지털 기술은 물론 편리하지만 아날로그의 장점도 분명 있다

요즘 해킹이 주요 이슈로 떠올랐다. 모든 지적·정신적인 활동의 결과물은 물론 누군가의 세세한 일거수일투족을 스마트폰으로 항상 감시할 수 있다는 설마 했던 걱정이 사실로 증명되었다. 이제 누구도 디지털 기기의 감시에서 벗어나기 힘들다. 편리함의 상징으로 인식되었던 스마트폰을 나쁜 쪽으로 활용하는 이들에 의해 '디지털 포비아(Digital Phobia)'라는 새로운 두려움이 생기고 있다. '나'라는 존재가 온라인으로 철저하게 분석·감시되는 사회가 오는 것은 분명 불행한 사건이다.

모든 것이 빠르게 생산·전파·소비되는 본격적인 디지털 시대를 맞이한 지도 이미 10여 년이 넘었다. 사진과 음악은 디지털로 완전히 넘어왔으며 책도 점차 디지털화되어가고 있다. 인간관계 역시 페이스북 등의 소셜 미디어를 통해 디지털화되었다. 나 역시 이러한 디지털 시대의 모든 면을 적극적으로 누리고 있지만 먼 훗날 빛 바랜 사진 한 장을 우연히 발견하고 추억에 잠길 수 있을지, 친한 친구와 주고받았던 글을 나중에도 읽어볼 수 있을지, 삶의 어느 순간 마음을 위로해주던 손때 묻은 음반을 꺼내 들고 오디오에 걸어볼 수 있을지 궁금하다.

최소한 나는 아날로그 시대를 거쳐왔기에 옛 시절을 추억할 기회를 가질 수 있지만 요즘 세대는 먼 훗날 어떻게 추억에 잠기게 될지 궁금하다. 분명 내가 상상하지 못하는 다른 방식으로라도 그런 소중

한 시간을 가질 수 있으면 좋겠다. 더불어 무엇보다도 개인의 프라이버시는 개인만의 것으로 간직할 수 있는 세상이 되었으면 하는 바람이다.

그런데 이런 아쉬움은 나만 가지고 있었던 것이 아니었나 보다. 미국 레코드산업협회의 보고서에 따르면 2019년 미국 내 아날로그 LP 음반의 판매액이 1986년 CD에 추월당한 이후 처음으로 CD 판매액을 넘어설 것이라고 한다. 물론 아무리 그래도 스트리밍으로 대표되는 디지털 미디어의 대세는 거스를 수 없겠지만 말이다.

무엇이 진짜일까?
현실세계와 가상현실

1999년, 21세기를 앞두고 〈매트릭스〉라는 기념비적인 영화가 탄생한다. 나뿐만 아니라 많은 이들이 이 영화에 감탄하고 경이로움을 느꼈다. 영화 초반에 등장하는 공중부양 360도 회전 장면부터 압도적인 이야기까지 넋을 놓고 감상하게 될 뿐만 아니라 영화가 끝난 후에 심오한 질문까지 던지는 영화였다. 그러니 SF 영화 사상 손에 꼽을 수 있는 수작이라 해도 전혀 아깝지 않을 정도다. 영화의 주요 등장인물 중 1명인 모피어스의 대사 중에서 가장 인상 깊은 것이 바로 "What is 'real'? How do you define 'real'?(무엇이 '진짜'일까? '진짜'를 어떻게 정의할 수 있을까?)"이다.

세계 최초의 본격적인 가상세계 '세컨드라이프'

〈매트릭스〉가 개봉하고 몇 년 후 미국의 린든랩이라는 기업에서 '세컨드라이프'라는 온라인 서비스를 시작한다. 세컨드라이프는 온라인상의 가상세계에서 사용자가 가상의 인물을 만들고 이를 자신의 아바타로 지정해 현실에서와는 전혀 다른 모습으로 살아갈 수 있는 환경을 제공한다. 가상의 아바타는 직업은 물론 가상세계 내에서 다른 아바타와 사회적인 관계도 맺을 수 있고, 사업을 통해 가상화폐인 돈을 벌 수도 있다. 한때 이렇게 세컨드라이프 내에서 사업을 통해 벌어들인 가상화폐를 현실세계의 실제 화폐와 교환해 진짜로 많은 돈을 번 사례가 언론에 공개되면서 유명세를 타기도 했다.

그리고 2004년에는 페이스북이 탄생한다. 페이스북은 대표적인 소셜 미디어로 전 세계적으로 20억 명이 넘는 사용자를 보유하고 있을 뿐만 아니라 기업가치도 상상을 초월하는 수준으로 성장했다. 세컨드라이프가 가상세계에서의 아바타를 통해 현실과는 전혀 다른 모습의 '나'를 만들었다면, 페이스북에서는 현실 속에서 시간적·공간적 제약을 뛰어넘는 '나'와 세상과의 관계를 만들어주었다.

그리고 2012년에는 미국 캘리포니아에서 가상현실을 생생하게 입체적으로 느낄 수 있는 인터페이스 기기인 헤드 마운트 디스플레이(HMD) 제작회사인 오큘러스가 탄생했다. HMD 기술은 이미 군사적으로 오래전부터 이용되는 기술이었으나 이를 일반인이 사용할 수

세컨드라이프: 가상세계 시뮬레이션 게임 세컨드라이프의 예시 장면 출처: HyacintheLuynes - Wikipedia

있도록 개량한 제품을 만들었던 것이다.

그로부터 2년 뒤인 2014년에 오큘러스는 세컨드라이프와 협력해 세컨드라이프의 가상현실을 HMD를 통해 생생하게 볼 수 있도록 했다. 그리고 같은 해 페이스북은 오큘러스를 20억 달러에 인수한다. 페이스북이 오큘러스를 인수한 후에 아직까지 이렇다 할 만한 결과를 내놓은 것 같지는 않지만 전 세계의 수많은 사용자를 온라인상에서 확보하고 있는 페이스북 입장에서 거금을 들여 인수한 데는 분명 이유가 있을 것이다.

만약 어마어마한 기업가치를 가지고 있는 페이스북이 세컨드라이프를 인수하게 된다면 어떠한 일이 벌어질 수 있을까? 그리고 20억 명이 넘는 페이스북 사용자들이 가상세계의 3D 영상을 HMD를 통해 접하면서 평소 페이스북에서 행하던 소셜 활동을 할 수 있게 된다면? 그리고 이를 페이스북이 추진하고 있는 전자상거래, 마케팅 활동과 결합하고 세컨드라이프에서 가능했던 가상세계에서의 비즈니스와 연계할 수 있다면? 또한 3D 그래픽이 정교해져 실사 영상과 거의 구별할 수 없는 수준으로 발전한다면? 우리가 예상치 못할 놀라운 변화가 생길지도 모른다.

가상현실과 증강현실이 혼합된 가상세계가 미래 인류의 주 활동무대가 될 수도 있다

영화 〈매트릭스〉에서는 가상세계에 들어가기 위해 머리 뒤쪽에 있는 커넥터에 선을 연결한다. 뇌에 직접 전기적인 신호를 연결하는 것이다. 궁극적인 완벽함을 추구하려면 필요한 방법이기는 하나 가까운 시일 내에 그런 기술이 상용화될 것 같지는 않다. 반면 3D 입체영상과 스테레오 서라운드 사운드를 제공하는 HMD를 착용하는 것은 지금의 기술로도 충분히 가능하다. 그리고 눈과 귀를 현실과 분리시킬 수 있다면 가상세계를 만들어낼 수 있다. 여기에 세컨드라이프의 3D 가상 시뮬레이션 세계를 연결하고 페이스북의 사용자와 소셜 활동을 담는다면 바로 이 상황이 〈매트릭스〉의 가상세계와 얼마나 다른 것일까?

나는 사무실에서 일할 때도 페이스북을 가끔 열어본다. 페이스북을 열면 전 세계에 있는 다양한 사람들의 생각을 접할 수 있으며 그들이 제공하는 정보를 볼 수 있고 그들과 소통할 수 있다. 몸은 사무실에 있으나 정신은 잠시 외부의 페친(페이스북 친구)들과 연결되어 있는 것이다. 어떻게 보면 정신적인 가상세계에 잠시 외출했다 돌아오는 것이다.

이제 남은 것은 후각과 촉각 인터페이스의 개발이라고 할 수 있겠다. 전신 슈트를 입고 감촉을 느끼게 하거나 향기를 합성해 냄새를 맡게 하는 기술의 개발이 불가능할까? 완전히 불가능한 일은 아닐 것이다. 더 나아가 이런 기술들이 정교하게 발전한다면 어느 날 우리는 스스로에게 이런 질문을 하는 날이 오게 될지도 모른다. "What is 'real'? How do you define 'real'?"

> ✔ **세컨드라이프에서 부자가 된 사례:** 세컨드라이프에서는 가상화폐인 린든 달러(L$, Linden dollar)를 사용한다. 실제 돈을 린든 달러로 환전해 세컨드라이프 내에서 사용하는데 2006년에 사용자 중 1명이었던 애일린 그라프(Ailin Graef, 자신의 아바타명인 '앤쉬 정'으로 더 잘 알려짐)가 초기 자금 9.95달러를 가지고 2년 반 만에 세컨드라이프에서 사업을 해서 100만 달러 이상의 돈을 벌어 화제가 되었다. 애일린은 세컨드라이프 내에서 가상 부동산을 사고팔거나 임대해서 수익을 올렸다.

우리 미래는 〈터미네이터〉인가, 〈바이센테니얼맨〉인가?

영화 〈터미네이터〉는 미래 사회를 지배하는 인공지능이 터미네이터라는 로봇을 개발해 인간을 무차별적으로 죽이는 미래 사회의 모습을 그리고 있어 인공지능으로 인한 어두운 미래를 보여주는 영화다. 반면 〈바이센테니얼맨〉은 로봇이 인간을 돕고 인간과 조화롭게 화합해 지내는 미래를 그리고 있다. 심지어 이 영화에서 주인공은 로봇을 사랑해 결혼까지 한다. 또한 로봇도 인간과 아주 유사하게 발전해 예술품을 조각하는 감수성까지 가지게 되며, 결국 인간을 꿈꾸고 수명이 유한한 인간이 되는 것으로 이야기가 전개된다.

과연 미래 사회는 인공지능에 지배당하는 〈터미네이터〉와, 인공지능과 조화롭게 살아가는 〈바이센테니얼맨〉 중 무엇에 더 가까울까?

기술의 발전이 반드시 모든 인류의 행복을 가져오는 것은 아니다

영감 넘치는 책 『사피엔스』에서 유발 하라리는 '럭셔리 트랩'이라는 용어를 소개한다. 인류는 수렵·채집 생활에서 농경사회로 발전하고, 그 후 산업화와 정보화 등으로 기술이 발전해 수많은 물건을 개발하고 만들었다. 초기에는 물건을 사용해 더 편리한 생활과 시간의 여유를 얻은 듯했지만 시간이 지나 익숙해지면 그 편리함을 당연한 것으로 받아들이기 마련이다. 이젠 더 이상 그러한 물건을 사용하지 않는 생활은 상상할 수도 없게 된다. 그리고 수많은 물건을 구입하기 위해 더 많은 시간을 일해야 하는 처지에 놓이고 만다. 결국 이전보다 더 여유가 없는 생활을 하게 된다는 것이다.

유발 하라리는 인류 역사에서 농업혁명은 수렵·채집 사회보다 구성원 개개인의 삶의 질을 오히려 저하시켰다고 주장한다. 농업혁명으로 생산성이 높아지자 잉여 생산물이 생겨나고 이를 바탕으로 지배계층이 등장해 고대 국가가 탄생하게 되었다. 또한 19세기의 산업혁명은 수공업 형태에 머물던 2차 산업을 기계를 이용한 대량생산 체제로 발전시켰다. 그 결과 오늘날의 물질적인 풍요를 가져오는 기반을 마련하게 되었다. 하지만 그와 동시에 가내 수공업자가 몰락하고, 수많은 빈민 노동계층이 생겼으며, 거대기업과 자본가가 등장했다.

1990년대부터 본격적으로 시작된 정보화, 디지털화는 다시 한번 인류의 삶에 큰 변화를 가져다주고 있다. 21세기의 변화는 IT 기술의 발전을 바탕으로 네트워크, 모바일, 인공지능, 로보틱스와 연계된 기술 발전이다. 이미 인터넷과 스마트폰은 우리 생활에 없어서는 안 되는 것이 되었다. 이는 불과 20년 전까지만 해도 필요하지 않았던 것들이다. 하지만 인터넷과 스마트폰이 가져다준 변화는 결코 작지 않다. 이미 우리 주변에 수많은 것들이 지난 20년 사이에 없어졌다. 비디오가게, 음반가게, 사진관, 만화방, 오락실, 책방, 그리고 그 이면에 이러한 상품들을 위한 제작, 유통, 판매와 연관된 더 많은 일자리가 사라졌다. O2O(Online to Offline)의 등장으로 더 많은 소규모 자영업이 설 자리는 줄어들 것이다. 인터넷과 스마트폰이 수많은 사람들의 직업이었던 거래, 유통, 중개일자리를 대체하기 때문이다.

기업 관점에서도 IT 기술의 발전으로 다양한 사무·생산 분야 일자리가 없어졌다. 더구나 IT 기술을 활용한 효율화, 융합화, 자동화는 극소수의 선두 기업이 더더욱 거대해질 수 있는 배경이 되고 있다. 애플, 페이스북, 구글 등의 사례에서 볼 수 있듯이 이젠 국가 간의 경계도 별 의미가 없는 상황이 되고 있다. 우버가 전 세계 택시기사들의 경쟁자가 되고, 아마존이 소매상의 경쟁자가 되는 세상에서 개인은 무력하고 약하다. 머지않은 미래에 로봇은 여러 육체노동자를 대체할 것이며, 자율주행차는 직업 운전자의 일자리를 위협하고, 인공지능과 머신러닝의 발전은 많은 사무 전문직을 몰아낼 것이다. 소수의 인류가 기술과 자본을 이용해 거의 대부분의 일을 무인으로 처리할 수 있는 시대가 오게 될 것이다. 인더스트리 4.0(독일에서 추진하는 제조업 성장 전략)이 추구하는 모습도 이와 다르지 않다.

전 세계적으로 부의 집중화와 양극화 문제가 대두되고 있다

몇 년 전 다보스포럼에서 상위 1%가 나머지 99%보다 재산을 더 많이 소유하고 있다는 것이 화제가 되었다시피, 세계의 부는 이미 극소수의 상위 자본가들에게 집중되고 있다. 과연 기술의 발전이 인류 전체에 더 나은 삶을 안겨줄 수 있는가? IT 기술이 인류의 행복에 도움을 줄 것인가? 유발 하라리의 주장에 따르면 농경 문화가 애초 기대와는 달리 개개인의 삶을 더 힘들고 고되게 만들었다. 그리고 산업혁명 초기 수많은 도시 빈민 노동자계급은 비참한 생활을 해야 했다. 이와 같이 21세기 IT를 기반으로 이루어진 기술혁명이 효율성만 중요시한다면 많은 사람들이 실업자로 내몰리고 자본가에게 부가 집중될 가능성이 높다. 우리가 개발한 기술이 우리 대다수를 불행하게 만들 수도 있다는 의미다.

하지만 농업사회의 등장으로 국가가 만들어지고 인류가 발전했으며 산업혁명의 결과 오늘날 풍요로워졌듯이 기술 발전이 우리의 미래를 더 나은 세상을 만들 수도 있다. IT 기술의 발전으로 삶이 더 힘들어질 계층을 위한 현명한 대책을 찾는다면 말이다. 하지만 아직까지는 기술을 발전시키려는 모습만 보일 뿐 다른 고민은 없는 듯하다. 우리의 미래가 영화 〈터미네이터〉가 될지, 〈바이센테니얼맨〉이 될지 궁금하다. IT 기술의 발전으로 추구하는 목적이 우리를 더 불행하게 하는 것은 아니라고 믿는다.

✅ **O2O(Online to Offline):** 온라인(스마트폰과 인터넷으로 대표되는 공간)의 비즈니스와 오프라인(현실세계에서의 상점, 서비스, 물건 등)의 비즈니스가 융합되어 새로운 영역의 비즈니스를 만들어내는 것. 예를 들면 '배달의민족'과 같이 온라인상에서 메뉴를 선택하고 주문·결제를 하면 실제 음식점에서 주문을 처리해 집으로 배달해주는 것을 들 수 있다. 또한 승차공유 플랫폼 '우버', 숙박공유 플랫폼 '에어비앤비' 등이 O2O 비즈니스의 대표적인 성공 사례다. 그러나 O2O 역시 결국 대형 서비스 기업에 이익이 집중되는 현상을 보이고 있다.

급격한 변화로 인한 멸종 또는 진화

지난 수십 년간 기업에서는 혁신을 매우 중요하게 생각해왔다. 세상은 너무나 급격하게 변하기 때문에 생존을 위해서는 변화에 적응해야 하며 점진적으로 진화해야 한다고 강조했다. 그러한 변화와 진화의 선봉에는 IT 기술이 있었다. 그런데 어떻게 보면 지금까지 세상이 변해왔다고 주장해온 환경은 사실 느리고 연속적이며 예측 가능한 변화에 불과하다고 생각되기도 한다. 한편 2020년을 향해가고 있는 오늘날의 변화는 정말로 급격하고도 근본적이며 예측하기 힘든 변화를 몰고 올 것으로 보인다.

IT 기술의 발전이 가져올 어두운 미래에 대한 가능성

최근의 변화를 단적으로 표현할 수 있는 단어를 꼽으라면 '4차 산업혁명' '공유경제' '인공지능'이 아닐까? 앞선 글에서 IT 기술의 발전으로 인한 일자리 감소와 어두운 미래에 대해 언급한 적이 있는데 이는 요즘 언론에서도 주요 화두가 되고 있는 문제다. 소위 '고용 절벽'이라는 말로 대변되는 미래의 기술 발전에 따른 일자리의 변화는 평범한 직장인들의 미래가 결코 밝지 않음을 예측할 수 있게 한다. 이런 변화에 대한 예측은 비단 노동인구, 즉 개인에게만 어두운 미래를 암시하는 것은 아닐 듯하다.

최근 떠오르고 있는 공유경제 서비스는 IT를 기반으로 한다. 그런데 다양한 P2P 서비스의 성장은 전통적인 기업의 미래도 밝지만은 않을 수 있다는 것을 의미한다. 우버와 에어비앤비, 퀵스타터와 겟어라운드 등의 공유경제 서비스는 택시·호텔·금융·렌터카 업계에 의미심장한 도전장을 던지고 있다. 인공지능의 발전에 따른 자율주행차(물론 전기차일 가능성이 큼)의 등장 또한 목전에 있어 이제 이런 기술의 상용화는 시간 문제일 뿐이다.

이와 관련해 "자율주행차 1대가 일반차 12대 대체하는 공유 시대 온다"라는 제목의 파이낸셜뉴스 기사는 IT와 결합된 공유경제가 소비자들의 구매와 자산 소유 관행에 가져올 변화가 기업에 심각한 영향을 미칠 수 있다는 것을 암시한다. 기사에서 말하는 것과 같은 미래가 오면 자동차 기업 역시 큰 변화를 맞이하게 될 것이다.

인공지능과 로봇의 발전은 사무직 노동자와 단순 노무자의 일자리를 위협할 것이며 이에 따라 고용 절벽이 현실화될 수도 있다. 반면 네트워크와 스마트폰 인프라를 이용해 자동차, 집, 기타 다양한 소비재 및 서비스를 개인 사이에 공유하는 새로운 공유경제는 기존에 기업이 지배하고 있는 시장과 상품과 매출에 직접적인 위협으로 다가올 수도 있다. 4차 산업혁명이 자본과 기업의 측면에서 신기술을 이용한 톱다운식의 급격한 변화를 주도하는 것이라면, 공유경제는 개개인의 입장에서 신기술을 이용하는 보텀업식의 급격한 변화를 의미한다. 고용 절벽에 맞선 새로운 일자리와 직업의 대결인 셈이다.

운석 충돌로 인한 공룡의 멸종은 포유류가 지구를 지배하게 된 계기가 되었다

공룡의 멸종 원인에 대해서는 여러 가지 설이 있지만 그중 하나는 거대한 운석이 지구와 충돌한 후 급격한 기후 변화로 인해 세상을 지배하던 거대한 공룡이 짧은 기간 내에 멸종했을 것이라고 추정하는 것이다. 인간의 입장에서 보자면 이로 인해 포유류가 세상을 지배할 기회를 얻었다고 할 수 있다. 만약 이러한 급격한 변화가 없었다면 공룡이 더 오래 살아남았을 수도 있고 포유류의 진화가 달라졌을지도 모른다.

기업의 전산실에서 운영하던 거대한 메인프레임에서 시작한 컴퓨터가 PC(개인용 컴퓨터)를 거쳐 인터넷과 연결되고 다시 스마트폰 안으로 들어왔다. 그러면서 이제 IT의 주요 흐름을 좌우하는 시장은 더 이상 기업이 아니게 되었다. 수많은 기업 솔루션 IT 기업들이 인수합병되어 몇 개 남지 않은 시장에서 애플과 구글, 삼성, 페이스북, 샤오미, 화웨이 등이 거대한 시장을 놓고 주도권 다툼을 하고 있다.

어찌 보면 IT 업계는 닥쳐올 미래의 변화를 가장 먼저 몸으로 부딪힌 업계가 아닐까 한다. 한때 IT 업계를 지배하던 거대한 기업들이 하나둘씩 사라졌으며 남은 기업들도 변화에 적응하지 못한다면 살아남기 어려운 상황이다. 반면 앞서 언급한 대로 공유경제를 이끄는 새로운 기업들이 등장해 미래를 주도하고 있다.

이미 젊은 세대들의 일자리가 현격히 줄어들고 있다. 아마도 앞으로 개개인의 삶의 방식은 이전 세대와는 크게 달라질 것이다. 기존의 사상으로는 생존하기 힘들 수도 있다. 이런 현상은 전통적인 대기업도 크게 다르지 않다. 변화를 원하는 사람도 있고 원하지 않는 사람도 있지만 변화는 이와 관계없이 다가오고 있다. 그 변화의 속도와 깊이가 지금까지 경험한 것과는 크게 다를 것이라고 많은 전문가들이 경고하고 있다.

변화에 적응하지 못하고 멸종할 것인가? 아니면 사라지는 공룡들의 빈자리를 메울 수 있는 새로운 종으로 진화할 것인가? 오늘의 세상은 기업이나 개인 모두에게 이러한 숙제를 던지고 있다.

✅ **4차 산업혁명:** 증기기관이 가져온 '1차 산업혁명', 전기와 통신, 내연기관이 가져온 '2차 산업혁명'과 정보통신 기술이 가져온 '3차 산업혁명'에 이어 인공지능과 로봇, 바이오가 가져올 것이라고 생각되는 가까운 미래의 산업혁명을 의미한다. 4차 산업혁명으로 기존의 산업 구조가 근본적으로 바뀔 것으로 예견되어 인류 사회가 급격히 변할 것이라고 주장하는 이들이 많다. 2015년 클라우스 슈밥이 최초로 4차 산업혁명이라는 말을 사용했다.

✅ **P2P(Peer to Peer):** 기업과 소비자로 이루어진 비즈니스가 아닌 개인 대 개인으로 이루어지는 비즈니스 형태를 말한다. 원래는 온라인에서 음악이나 영화 파일을 다운로드할 때 서버에 저장된 것이 아닌 개인의 PC와 PC가 직접 연결되어 데이터를 주고받는 방식을 의미했다. 그러나 개인이 개인을 대상으로 다양한 비즈니스를 펼치는 사례가 등장하면서 이를 일컫는 말로도 사용된다. 대표적인 P2P 비즈니스로는 우버와 에어비앤비가 있다. 이렇듯 P2P는 공유경제의 주요 비즈니스 방식이다.

구글 번역 서비스는 어떤 변화를 가져올까?

인류가 하늘에 닿기 위해 바벨탑을 높게 쌓다가 신의 노여움을 받아 세상의 언어가 제각각 갈라져 서로 의사소통이 어려워졌다는 성경의 이야기가 있다. 이처럼 서로 다른 언어 때문에 여행, 학습, 업무 수행에서 어려움을 겪어보지 않은 사람은 아마 없을 것이다. 아무리 오랜 기간 외국어를 공부했더라도 외국인과 자유롭게 대화를 나누거나 글을 번역하는 것은 여전히 누구에게나 쉬운 일이 아니다. 그래서인지 SF 소설이나 영화에서 컴퓨터가 자동으로 외국어를 번역해주는 것을 미래의 모습으로 보여주는 경우가 많다. 외국어 번역은 인공지능의 역할 중 대표적인 분야다. 컴퓨터가 등장한 후 오랫동안 연구되어왔고 다양한 방법으로 자동 번역을 꿈꾸며 노력해왔다.

인공지능 방식으로 전환된 구글 번역은 놀라운 결과를 보여준다

구글이 구글 번역을 통해 세계 각국의 언어를 번역할 수 있는 기능을 제공한 것은 13년 전인 2006년이다. 하지만 세계 각국의 언어가 서로 유사한 경우도 있고 크게 다른 경우도 있어 구글 번역을 선보인 초기에는 번역 결과가 그리 신통치 않을 때가 많았다. 한국어를 예로 들면 문법적으로 유사한 일본어로 번역할 때는 제법 그럴듯하지만 가장 많이 쓰이는 영어의 번역 결과는 자연스럽지 않았다. 사실 신통치 않은 정도가 아니라 거의 의미가 없는 수준이었다. 아마도 두 언어의 근본이 완전히 다르기 때문일 것이다.

2016년 11월 15일, 구글이 예전의 번역 방식이었던 룰 기반 방식이 아닌 인공지능 학습 방식을 이용한 새로운 번역을 내놓았다. 한글과 영어를 상호 번역해보니 그 결과는 아주 놀라웠다. 마치 사람이 번역한 듯 매끄럽게 번역되었다. 이 번역 결과를 보면서 이제 인류의 가장 큰 장벽 중 하나인 언어의 장벽이 머지않아 허물어질 수 있다는 가능성을 느꼈다. 그리고 구글 번역이 가져올 변화의 의미를 생각해보니 감격스러운 생각까지 들었다. 과연 구글 번역은 우리에게 어떤 기회를 제공하게 될까?

우선 다양한 글을 실시간으로 번역할 수 있게 되면서 외국 도서의 번역서를 기다리지 않아도 바로 읽을 수 있을 것이다. 또한 외국 인터넷 사이트의 내용도 쉽게 읽을 수 있게 될 것이다. 인터넷이 정보의

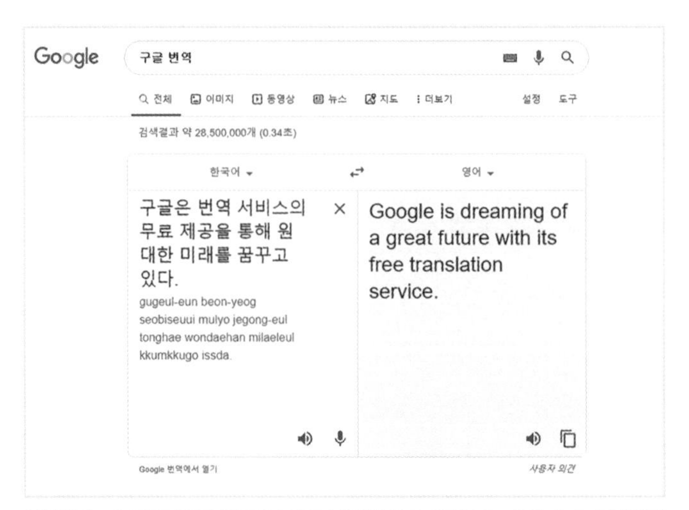

구글 번역: 구글 번역기에서 한국어를 영어로 번역한 결과. 이전보다는 훨씬 더 매끄럽게 번역되는 편이다.

바다라고 하지만 외국어, 특히 영어를 할 줄 모르는 사람들에겐 아주 좁은 바다에 불과했다. 세계 각국의 여러 서적들이 모두 번역되는 것은 아니기에 지식의 습득에도 제약이 있었다. 구글 번역이 점점 더 발전하면서 구글 번역을 이용한 지적 교류는 더욱 활발해질 것이다.

두 번째로 대한민국의 많은 서적들이 쉽게 외국으로 진출할 수 있다. 물론 문학성이 있는 작품의 경우에는 쉽지 않겠지만 기술 분야의 책은 가능할 것이다. 아마존에는 오래전부터 개인이 자신의 책을 온라인으로 출판할 수 있는 킨들 퍼블리싱 기능이 있었다. 정해진 양식에 맞추어 책을 작성한 뒤 온라인에 올리기만 하면 전 세계 사람들을 대상으로 자신의 책을 팔 수 있다. 아마존에서는 그 책을 판매한 수익금의 70%를 저자에게 제공한다. 오프라인 출판과는 비교가 안 되는 수준이다. 게다가 나라에 구애받지 않고 팔 수 있다는 장점이 있다. 이전에는 외국인에게 책을 팔려면 글을 영어로 써야 하기에 쉽게 도전하기 어려운 문제가 있었다. 그런데 이제 구글 번역이 많은 저자들에게 아마존 출판을 더 손쉽게 활용할 수 있는 기회를 제공할 것이다.

마지막으로 구글 번역은 스마트폰에서도 이용할 수 있으며 실시간으로 음성을 인식해 원하는 외국어로 번역한 뒤 다시 음성으로 들려주는 기능도 제공한다. 따라서 개선된 구글 번역이 있다면 해외여행이나 업무 출장 시 그 나라의 언어를 몰라도 큰 불편 없이 다닐 수 있게 되어 여행이 좀 더 자유로워질 것이다. 또한 외국인과의 업무를 수행해야 하는 사람들에게 대단히 편리한 통역 서비스를 제공할 수 있다. 만약 기술이 여기서 더 발전한다면 외국인과 전화 통화 시 실시간으로 양방향 통역을 하는 것도 불가능하지 않다. 구글에서는 2017년 10월에 픽셀버드라는 이어폰을 가지고 구글의 안드로이드 폰인 픽셀폰을 이용해 실시간으로 말하는 것을 외국어 음성으로 통역하는 기능을 선보였다.

구글은 번역 서비스의 무료 제공을 통해 원대한 미래를 꿈꾸고 있다

새로운 구글 번역은 다양한 번역 결과와 사용자의 도움을 통해 스스로 학습하고 발전해나가는 구조로 되어 있다. 따라서 시간이 지남에 따라 번역이 점점 더 자연스러워지고 질이 향상될 것이다. 그렇게 된다면 머지않아 언어 장벽으로부터 자유로워지는 날이 올 수 있다.

그런데 구글은 왜 많은 시간과 노력을 쏟아부어 번역 서비스를 무료로 제공하고 있을까? 단지 구글이 사람들의 편리함을 높여주기 위해 무료 서비스를 제공하는 건 아닐 것이다. 페이스북은 전 세계 사용자들에게 소셜 서비스를 무료로 제공하지만 기업가치는 실로 어마어마하다. 이러한 기업가치는 기업이 서비스를 제공함으로써 가입자들의 일거수일투족을 파악할 수 있고, 이를 바탕으로 타깃 광고는 물론 새로운 비즈니스 모델을 개발할 수 있다는 점에서 기인한다. 아마도 구글 번역의 질이 좀 더 향상되고, 전 세계 사람들이 다방면에서 구글 번역을 사용하게 된다면 페이스북에 버금가는, 아니 언어 장벽에 갇혀 있는 페이스북을 능가하는 소셜 인사이트를 얻을 수 있게 되지 않을까? 일상의 대화와 오가는 글을 파악할 수 있게 된다는 건 가치를 환산하기 어려울 정도로 중요한 능력이다. 물론 향상된 번역 기능 자체를 응용할 분야들도 무궁무진하겠지만 말이다. 영화 〈스타트렉〉에서의 다양한 기술들 중에 하나가 현실이 될 날이 머지않은 것 같다.

어떤 기술을 바라보고 달려가야 하는가?

IT 분야는 어떤 다른 산업 분야보다 기술의 발전이 빠르다. 이는 다른 산업과는 비교도 할 수 없을 만큼 짧은 역사를 지닌 IT 분야가 그동안 이토록 눈부신 발전을 이루어온 것을 보면 알 수 있다. 거의 해마다 새로운 기술에 대한 이야기가 나오고 그 기술이 마치 곧 세상에 널리 퍼질 것처럼 회자되곤 한다. 그리고 실제로 상당히 많은 기술들이 그 예상에 따라 세상에 빠르게 퍼져나갔다. PC와 인터넷, 디지털카메라가 그랬으며 스마트폰, 소셜 미디어 등이 그 뒤를 이었다. 물론 이후에도 우리 사회의 미래를 바꿀 IT 기술이 계속 소개되고 있다. 이제부터 전망이 밝은 기술과 확산되기 어려운 기술로 나누어 살펴보겠다.

스티브 잡스가 한때 최고의 발명품이라고 극찬한 것이 바로 세그웨이였다

혹시 IT 분야에서 역사적인 인물 중 1명인 스티브 잡스가 한때 'PC 이후 최고의 발명'이라고 했던 것이 무엇인지 아는가? 이 발명품에 매료된 스티브 잡스는 그 발명가에게 어마어마한 거액을 지불하고 해당 기업 지분의 일부를 사겠다는 제안을 하기도 했고 스스로 자문을 자처하겠다고도 했다. 하지만 오늘날 그 발명품은 더 이상 주목받지 못하고 있다. 아류작들이 최근에 다시 등장하기는 했지만 그리 놀라운 반응을 이끌어내지는 못했다. 그 발명품은 바로 딘 카멘이 개발한 '세그웨이'다.

세그웨이: 스티브 잡스가 PC 이후 최고의 발명품이라고 극찬했지만 현재는 그리 주목받지 못하고 있다.
출처: Gawrisch - Wikipedia

IT 분야에도 이렇듯 새롭게 등장해 많은 기대를 모았지만 확산 속도는 기대에 미치지 못하는 기술들이 많다. 어떤 기술은 급속히 확산되는데 왜 어떤 것은 그러지 못할까? 컬럼비아대학교 교수인 호드 립슨은 저서에서 '제로 원칙(zero principle)'에 대해 이야기했다. 제로 원칙은 '기존 산업계를 뒤흔든 혁신적인 기술은 그 기술의 적용을 통해 하나 또는 그 이상의 관련 비용을 거의 0원에 가깝게 절감할 수 있게 한다는 공통점을 가지고 있다.'라는 것이다. 제로 원칙을 이용해 IT 신기술의 적용 여부를 가늠해보는 것은 어떨까?

호드 립슨 교수의 '제로 원칙'을 적용해 신기술의 미래 가능성을 확인해보자

우선 요즘 주목받고 있는 자율주행차를 생각해보자. 자율주행차가 현실화되면 운송·물류 분야에서 운전과 관련된 인건비가 거의 0원이 될 수 있다. 그런 견지에서라면 자율주행차의 미래는 밝다. 그러면 인공지능은 어떤가? 인공지능이 여러 분야에 적용된다면 해당 분야의 인건비는 물론 실수 또는 오판에 따른 비용을 거의 0원에 가깝게 할 수 있다. 그러므로 인공지능의 미래도 밝다고 할 수 있다.

이번에는 전기차를 생각해보자. 자동차의 연료비가 획기적으로 절감될 수 있고 (물론 충전을 위한 전기는 필요하지만) 자동차의 구조가 단순해짐에 따라 유지·정비 비용이 대폭 절감될 수 있다. 역시 제법 미

자율주행차: 자율주행차가 현실화된다면 혁신적인 이동수단이 될 수 있어 자율주행차의 미래는 밝다.
출처: Shutterstock

래가 밝아 보인다. 다음으로 스마트폰은 어떤가? 스마트폰 역시 휴대폰에 디지털카메라, MP3 플레이어, 내비게이션, 게임기 등 기존에 별도로 구입해야 했던 기기들의 기능을 내장하면서 더 이상 추가적인 구매가 필요하지 않게 되었다. 덕분에 당시 주목받던 많은 산업이 사양산업의 길로 접어들었다. 이렇게 새로운 기술에 대해 제로 원칙을 적용하면 해당 기술이 미래에 어떻게 될지 어느 정도 추측해볼 수 있다.

그렇다면 과연 미래에 확산되기 쉽지 않은 기술은 무엇이 있을지 한번 생각해보자. 우선 IT 분야의 최대 화두 중 하나인 클라우드 기술은 어떤가? 클라우드는 적용 분야에 따라 그 가치가 달라질 수 있을 것이다. 일반 기업의 IT 운영 인프라로서의 클라우드는 수년이 지난 현재도 확산 속도가 매우 더디다. 클라우드 도입을 통해 기업에서 비용을 획기적으로 절감할 수 있는 건 아니기 때문이다. 또 오픈소스 소프트웨어는 어떤가? 초기 오픈소스는 무료라는 장점 덕분에 많은 주목을 받았지만 실제로 기업에 적용할 때는 무료가 아니다. 때로는 더 많은 비용이 들어갈 수도 있다. 오픈소스 소프트웨어의 도입을 통해 어떤 비용이 획기적으로 절감될 수 있을까?

이러한 양상은 소프트웨어뿐 아니라 하드웨어 디바이스 분야에서도 나타난다. 태블릿의 상황은 어떤가? 태블릿PC가 스마트폰처럼 어떤 비용을 0원에 가깝게 해줄 수 있을까? 오해의 소지를 없애기 위해 덧붙이자면 클라우드, 오픈소스, 태블릿이 향후 없어질 기술이란 뜻은 아니다. 다만 급격히 확산될 기술이 아닐 수 있다는 의미다. 그렇다면 VR 기술에 대해서도 생각해볼 수 있겠다. VR을 통해 비용을 획기적으로 낮춰줄 수 있는 분야가 존재하는가? 이러한 질문을 빅데이터 영역에도 마찬가지로 던질 수 있을 것이다.

물론 세상의 모든 신기술에 대해 비용 절감의 측면으로만 미래 확산 여부를 예측하는 것이 늘 옳지는 않다. 미래를 예측하는 것에 대해 IT 전문 잡지인 〈와이어드〉의 수석편집자 케빈 켈리는 다음과 같은 말을 남겼다. "믿음직한 예측은 틀린다. 올바른 예측은 믿음직하지 않다." 미래를 예측한다는 것에 대한 어려움을 지적한 이야기다. 하지만 어김없이 기술의 미래에 대한 예측은 어디선가 또 나올 것이다. 그때 제로 원칙을 한번 적용해보면 어떨까? 나의 예측이 그럴듯하다면 틀린 예측일 가능성이 높겠다. 케빈 켈리의 주장에 따르자면 말이다.

세그웨이(Segway): 미국의 발명가 딘 카멘이 2001년에 발명한 두 바퀴가 달린 1인용 전동 이동수단. 전기모터로 구동되며 배터리를 충전해 에너지원으로 사용한다. 앞에 핸들과 지지기둥이 달려 있어 이동 중 탑승자가 안전하게 자세를 유지할 수 있다. 그러나 초기 기대와는 달리 시장에서 실패했고 결국 2015년 4월 중국의 전기 이동장치 제작사인 나인봇에 매각되었다. 가장 큰 실패 원인은 높은 가격이다. 최근에 거리에서 가끔 보이는 지지기둥과 핸들이 없이 발판과 바퀴 2개만 달린 방식의 전기 이동장치가 세그웨이의 후손격이지만 지지핸들이 없어 매우 위험하다. 또한 장시간 탑승 시 피로감이 크다고 한다. 이 또한 시장에서의 반응은 별로 성공적이지 못하다. 그런데 바퀴를 앞뒤로 넣고 손잡이를 앞에 붙인 전동킥보드는 최근 서울 일부 지역에서 스마트 공유 서비스 모델로 인기가 좋다. 다만 여전히 소규모 수요에 불과하다.

비디오게임의 새로운 시장, 중장년층을 공략하라

1980년대에 청소년기를 보냈던 사람들이라면 오락실을 기억할 것이다. 초창기 TV에 연결해 플레이하는 탁구와 유사한 게임인 퐁(미국 비디오게임 회사 아타리에서 제작)에서 출발한 비디오게임이 화려한 컬러 그래픽과 사운드로 발전해 동네마다 전자오락실에 가득했다. 당시 오락실에서 유명했던 게임으로는 스페이스 인베이더, 갤러그, 제비우스 등의 슈팅게임, 스트리트파이터 같은 격투게임, 너구리와 보글보글같이 여학생들이 주로 좋아했던 게임까지 다양했다. 당시 오락실은 거의 모든 청소년이 주머니에 동전이 생기면 찾는 곳이었다.

이후 게임은 1990년대 온라인게임의 등장과 함께 폭발적인 성장세를 이어갔으며 다른 한 축으로는 오락실의 아케이드게임에서 진보한 콘솔게임(TV에 연결해서 즐기는 비디오게임)의 장르로 지속적으로 발전했다. 2000년대 후반 이후로는 스마트폰의 확산에 따라 급성장한 모바일게임이 주축을 이루고 있다.

우리나라 게임 시장은 세계적 추세와 많이 다르다

지금 우리나라 게임산업은 모바일게임이 42%, 온라인게임이 41%, PC용 패키지게임이 13%, 비디오 콘솔게임과 휴대용 콘솔게임은 각각 2%에 불과하다. 그러나 세계 시장을 기준으로 1위는 콘솔게임(플레이스테이션, 닌텐도 등 전용 장비를 사용하는 비디오게임) 시장이다. 확실히 대한민국의 게임 시장은 영미권의 게임 시장과는 구조가 다르다.

한때 국내에서도 닌텐도에서 발매한 휴대용·가정용 콘솔게임이 폭발적인 인기를 얻은 적이 있었다. 당시 닌텐도에서 새롭게 개척한 두뇌개발 게임이나 가정용 피트니스 게임은 주 게임 소비자층인 10~20대가 아닌 중장년층까지 흡수할 수 있다는 가능성을 보여주었다. 하지만 그 열기는 오래가지 못했다. 가장 큰 이유는 게임기의 보급과 동시에 불법 게임 소프트웨어를 실행할 수 있는 편법장치가 폭발적으로 증가하면서 정품 소프트웨어의 판매가 급격히 축소되어 수익성이 악화되었기 때문이다. 이후 닌텐도는 국내 시장에 거의 관심을 보이지 않게 되었다.

반면 게임 소프트웨어의 불법 복제가 쉽지 않은 소니 플레이스테이션(PS)의 경우 국내에서 지속적인 시장을 가지고 있으며 HD급 화질을 자랑하는 PS3와 PS4에 이어 2016년에 발매된 PS4 프로의 경우 4K 화질을 지원하는 게임까지 출시하고 있다.

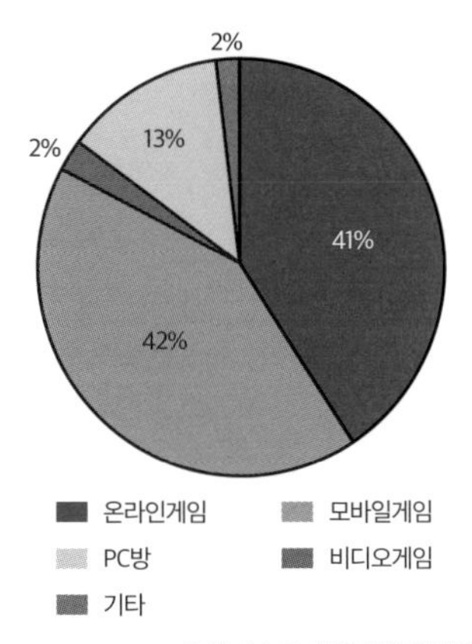

출처: 2017 대한민국 게임백서

그 PS4 프로를 최근 구매했다. 어린 시절 집에서 TV를 이용해 탁구게임을 하는 게임기를 샀던 이후 수십 년 만에 구입한 게임 전용기다. 나이 들어 뒤늦게 다시 TV에 연결해 UHD 해상도의 게임을 접하니 감회가 새롭다. 어릴 때 오락실 게임을 끝으로 PC게임이나 온라인게임은 일절 접하지 않고 지냈고 스마트폰으로도 게임은 전혀 하지 않았던 나다. 그런데 이 나이에 다시 콘솔게임기의 패드를 손에 쥐고 새벽까지 TV 앞에 앉아 있는 나의 모습을 보게 되었다.

게임을 멀리하게 된 건 흔한 이유에서였다. 공부할 것이 산더미 같았던 젊은 시절 게임에 시간을 쓴다는 것이 시간 낭비로 여겨졌기 때문이다. 사실 이런 생각을 하는 어른들이 많다. 이 생각이 맞는지 틀린지는 각자에게 달렸다. 하지만 청소년의 경우 게임을 하지 않으면 또래들 사이에서 이야깃거리가 없을 때가 많다고 한다. 그래서 많은 청소년들이 부모의 걱정에도 불구하고 게임을 하는 것이다.

정작 게임할 시간과 돈이 있는 잠재고객층이 소외되어 있다

그런데 정작 시간이 많고 미래를 위해 시간을 아껴가며 뭔가를 준비하고 노력해야 할 것이 별로 없는 중장년층들은 게임에 별로 관심이 없다. 아니, 관심이 없다기보다는 시장에서 아예 배제되어 있는 상황이다. 닌텐도가 가능성을 보여주었으나 오래가지 않았던 콘솔게임의 수요층을 중장년층까지 확대해야 하지 않을까? 모바일게임은 제한된 화면 크기와 조작성, PC게임은 복잡한 구성과 컴퓨터 환경설정이라는 어려움이 있기에 대형 TV에 연결하는 콘솔게임이 중장년층에게는 적합한 방식이다.

외로움, 적적함, 소통 단절, 무기력함 등을 느끼고 있는 중장년층을 위해 적절하게 개발된 게임 콘텐츠로 새로운 활력을 불어넣어줄 수는 없을까? UHD 화질과 고음질의 사운드가 결합해 현실감 넘치는 스토리와 영상으로, 중장년층을 새로운 세계로 이끌 온라인과 연계된 콘솔게임은 시장성이 충분히 있을 것이다.

중장년층이 게임을 통해 얻을 수 있는 것을 생각해보면 장점이 은근히 적지 않다. 여가시간을 활용해 단조로운 일상에서 새로움을 찾을 수 있고, 온라인게임을 하면서 인간관계를 넓힐 수도 있으며, 두뇌 활동도 활발하게 할 수 있다. 머리를 많이 쓸수록 치매도 예방된다고 하지 않는가? 물론 게임 콘텐츠가 순발력과 현란한 손놀림을 요구하는 게임이라면 중장년층이 따라가기 어려울 수 있다. 하지만 댓게임

컴퍼니(미국 비디오게임 개발사)의 '저니' 같은 게임이라면 나이가 있어도 충분히 즐길 수 있을 듯하다. 중년에 속하는 나도 '호라이즌 제로 던'을 해보고 있는데 꽤 할 만하다.

돌이켜보면 지금 50대는 전자오락실 세대다. 어린 시절 이미 전자오락을 즐겼던 세대이며 나이가 들면서 비록 게임을 하지 않았다고 해도 게임 자체에 거부감을 가지고 있지는 않다. 더구나 이들이 60대로 넘어가면 시간도 많아진다. 콘솔게임 비용은 경제적으로도 부담되는 수준도 아니다. 이런 세대가 서로 즐기고 소통하며 체험할 만한 게임을 개발하면 좋지 않을까? 비록 나이가 들었지만 생생한 화질로 새로운 세계를 탐험하고, 새로운 사람도 만나고, 아바타를 가지고 모험도 한다면 신나지 않을까? 가상현실(VR)이나 증강현실(AR)이 보편화되면 이를 기반으로 한 다양한 게임이 등장할 것이다. 이때 중장년층을 위한 게임도 개발되면 좋겠다. 첨단기술 분야에서는 공급이 수요를 이끄는 법이다.

그런데 이렇게 PS4 프로를 사서 게임을 1년 가까이 해보다가 어깨에 무리가 왔다. 한쪽 어깨가 아파서 1년 가까이 고생했다. 역시 게임은 아직까지 육체적인 순발력과 젊음을 요구하고 있는 분야이긴 한가 보다. 하지만 10여 가지 이상의 게임을 하면서 나이를 잊고 매우 즐거웠다. 분명 중장년층 게임 시장의 가능성은 아주 크다고 생각한다. 다만 이젠 연식이 오래되어 성능이 많이 떨어진 중장년의 육체를 배려해주는 게임이면 더 좋겠다.

부품인가 소모품인가, 배터리의 딜레마

애플이 아이폰의 구형 모델에 배포한 업데이트에 고객의 동의를 구하지 않고 배터리 상태에 따라 고의적으로 성능을 저하시키는 로직을 삽입한 것이 발각되어 한때 큰 이슈가 되었다. 애플이 일단 배터리 교체 비용의 일부를 부담하고 새로운 업데이트를 배포하는 방안으로 대응했지만 불거진 이슈를 잠재울 수는 없었다. 이와 관련해 몇몇 법무법인에서 아이폰 사용자를 대상으로 소송인을 모집해 소송에 나섰으나, 국내에서는 2019년 1월 '아이폰의 고의적 성능 저하 증거 불충분'으로 불기소로 결정함으로써 역시나 법무법인에만 좋은 일이 되고 말았다.

구세대는 배터리를 교체 가능한 소모품이라고 생각했다

애초에 워크맨이나 라디오 같은 휴대용 전자기기의 배터리는 일반 알카라인이나 망간 건전지를 사용했다. 따라서 배터리가 다 되면 새것으로 늘 교체했기에 기기의 수명과 배터리는 관계가 없었다. 그 후 일반 건전지 형태의 충전식 배터리가 등장했다. 충전식 건전지는 몇 번이고 충전해 사용할 수 있었지만 오래 사용하면 수명이 점점 닳아 이것도 결국 새것으로 바꿔야 했다. 그러다가 휴대용 전자제품의 사이즈 축소 경쟁이 벌어지면서 기존의 원통형 배터리로는 기기의 사이즈 축소에 한계가 생겼다. 그래서 전자기기 회사에서는 자체적으로 사각 사이즈의 전용 충전식 배터리를 개발했다. 소니에서 나온 '껌전지'가 대표적이다.

이때부터 사용자는 표준규격의 배터리가 아니라 크기가 맞는 특정 회사의 배터리를 사서 쓸 수밖에 없어졌다. 이는 MP3 플레이어, 디지털카메라를 비롯해 휴대폰까지 공통적으로 적용되는 상황이 되었다. 이때까지만 해도 배터리는 소모품이라는 인식이 기본적이었다. 배터리에 문제가 생기면 새 배터리를 사서 교체하면 그만이었다.

그러나 애플이 아이팟을 개발해 시장에 출시할 때 배터리 내부 장착 일체형으로 제품을 내놓았다. 사용자가 배터리를 교체할 수 없는 제품이 등장한 것이다. 이는 획기적인 방법이었고 디자인 측면에서도 날렵하고 얇으며 튼튼한 제품을 만들 수 있다는 장점이 있었다. 이후

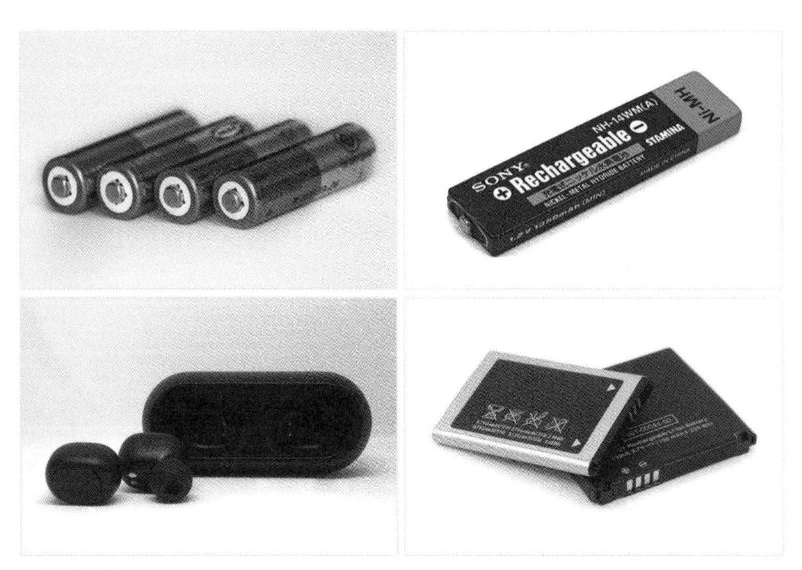

다양한 배터리들: (시계 방향으로) 알카라인 건전지, 껌전지, 휴대폰 충전용 배터리, 무선 이어폰

출처: Pixabay, Wikipedia, Shutterstock

이 트렌드는 애플의 아이폰 시리즈에서 기본적인 제품 전략이 되었다. 그리고 초기에는 이를 비난하던 다른 회사의 스마트폰들도 점차 배터리 일체형 제품을 출시하는 방향으로 바뀌게 되었다.

배터리 일체형 제품은 배터리 분리형에 비해 유려한 디자인이 가능하고, 제품의 기계적 강도를 높이며, 더 슬림하고 멋지게 만들 수 있게 해준다. 아울러 최근의 스마트폰 기술의 대세가 된 방진과 방수를 가능하게 해주는 역할을 하기도 한다. 그리고 이런 추세는 이제 무선 블루투스 이어폰, 스마트워치 등 대부분의 모바일 기기에 채택되는 전략이 되었다.

사용자가 배터리를 교체할 수 없는 상황에서 문제가 시작되었다

문제는 이제부터다. 이전까지는 충전식 배터리든 일반 건전지든 사용자에게 소모품이라는 인식이 있었으며, 교환 비용은 사용자가 지불하는 것이 당연하다고 인식되었다. 그러나 배터리 일체형 모바일 기기를 첫 휴대용 기기로 사용하기 시작한 젊은 세대에게는 배터리는 사용하고 있는 기기의 일부분이며 원래 포함된 부품으로 인식되지 않을까? 전체 제품의 한 구성요소이기에 배터리 불량이나 성능 저하에 따른 사용시간 감소가 소모품인 배터리의 문제가 아니라 기기 자체의 문제로 인식되는 경향이 강해질 것이라는 뜻이다.

또한 일체형이기에 소비자가 쉽게 교체할 수도 없고 그 비용도 객관적인 수준인지 검증할 수 없다. 따라서 갈수록 배터리 교체 비용에 따른 사용자의 불만이 고조될 수밖에 없다. 더구나 애플 에어팟처럼 고가의 초소형 블루투스 이어폰의 경우 배터리가 어디에 있는지도 파악하기 어려울 만큼 작고 일체화되었다. 이런 경우에도 배터리의 성능이 저하되기 시작하면 사용자는 고가의 기기 전체가 고장 나는 것으로 인식할 수 있다. 스마트워치 역시 비슷한 상황이다.

이 문제는 애플만의 문제가 아니라 스마트 모바일 기기 전반에 걸쳐 소비자와 제조사의 갈등으로 증폭될 가능성이 매우 높다. 제조사가 전통적인 개념, 즉 배터리는 소모품이고 그 교체 비용은 소비자가 부담하는 것이 당연하다는 생각을 고수한다면, 나와 같은 세대는 이해할 수 있을지 몰라도 건전지를 구경조차 하지 못한 세대에게는 기기 자체의 결함이나 내구성 문제로 인식될 가능성이 크다. 따라서 어린 세대는 그 비용의 전가를 받아들이기 어려울 수도 있다.

하이브리드 자동차가 출시된 초기, 배터리 수명에 대한 걱정이 많았다. 자동차는 한번 구입하면 10년 이상 사용하는 것이기 때문이다. 이에 대한 자동차 회사의 대응은 배터리의 무상 보증기간을 많이 늘려주는 것이었고 이는 소비자의 호응을 얻어 하이브리드 자동차 확산에 중요한 요소가 되었다.

소비자가 배터리를 스스로 교체할 수 없게 만든 모바일 기기에서 배터리는 소모품일까, 부품일까? 수십만 원이 넘는 고가의 기기를 사서 2년 정도 만에 배터리가 수명이 다 되어 성능이 떨어지거나 사용시간이 짧아지는 것이 정상인가? 자동차 회사의 대응 방식을 따른다면 얼마 동안의 기간을 보증해야 할까? 고가의 멀쩡한 소형 기기를 배터리가 오래되었다고 폐기해야 할까? 배터리의 수명이 곧 기기의 수명이 되는 것이 타당한가?

모바일 기기 제조사는 자원을 낭비하지 않고, 소비자의 불만을 일으키지 않으며, 제조사의 부담이 커지지 않는 선에서 현명한 대응 방안을 찾아야 할 듯하다.

인공지능 활용 사례를 통해 본 기업의 미래

컴퓨터에 인공지능(AI)을 구현할 수 있다는 생각은 컴퓨터의 역사에 버금갈 정도로 오래되었다. 하지만 최근 머신러닝(인간의 학습 능력을 컴퓨터에서 실현하려는 인공지능 기술의 한 분야) 기법과 클라우드의 발전으로 어느 때보다 실용적으로 AI를 활용할 수 있을 거라는 기대가 커지고 있다. IT 분야에서 새로운 패러다임이나 기술이 등장하면 그것을 계기로 IT 산업이 크게 번성했다. 클라이언트/서버가 그랬고 웹 기반 기술의 등장이 그랬다. 2000년대 이후 여러 기술이 차세대를 이끌 것이라 전망되었지만 앞의 두 기술만큼 영향력을 준 것은 없었다.

그런데 가까운 미래에 AI가 차기 IT 산업의 부흥을 가져올 주인공이 될 가능성이 점점 높아지고 있다. 이와 관련해 최근 기업에 적용되기 시작한 AI 기술의 사례를 몇 가지 살펴봄으로써 미래 기업에 AI가 어떻게 적용될지 생각해보자.

이미 기업의 다양한 업무에 인공지능 기술이 시험적으로 적용되고 있다

"인사가 만사"라는 말처럼 기업에서 인재 채용은 중요한 일이다. 하지만 수많은 지원자 중에서 회사에 적합한 인물을 고르기는 쉽지 않으며 많은 노력이 들어가는 일이다. 그런데 머신러닝을 기반으로 지원자의 인터뷰를 분석해 적합한 인재를 선별해주는 서비스를 이용한다면 어떨까? 하이어뷰(HireVue)는 온라인으로 화상 인터뷰한 영상을

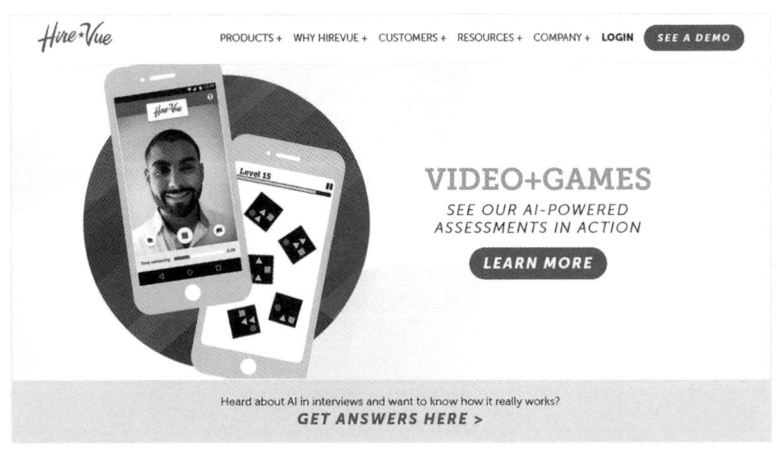

하이어뷰 홈페이지(www.hirevue.com): 온라인으로 화상 인터뷰한 영상을 AI로 분석해 회사에 적합한 최적의 인재 후보를 선별해주는 서비스를 제공한다.

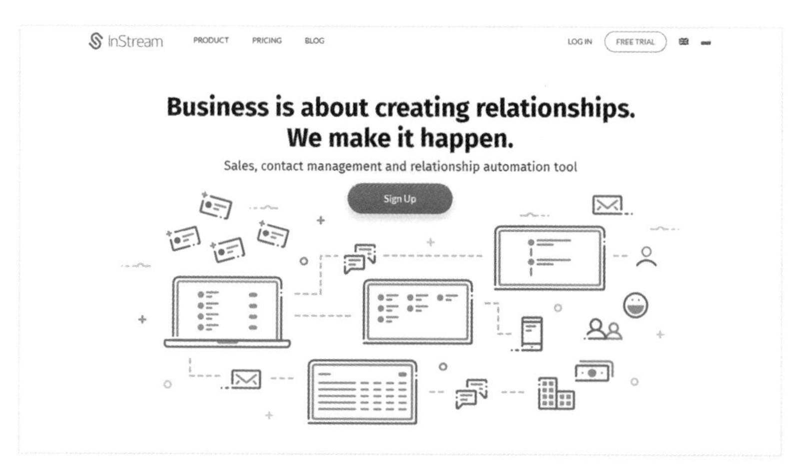

인스트림 홈페이지(instream.io): 고객과의 약속이나 핵심 사안을 자동으로 정리하며 영업 담당자에게 실시간으로 알려주는 고객관리 서비스를 제공한다.

AI로 분석해 최적의 후보를 선별해주는 서비스를 제공하는 회사다.

한편 기업 입장에서 고객과의 관계는 사업의 핵심이다. 수많은 고객과 업무를 진행하다 보면 담당자가 실수하거나 놓치는 부분이 있을 수 있고 이런 실수는 결국 사업에 부정적인 결과를 가져올 수도 있다. 기존의 CRM 시스템은 이런 고객과의 관계를 관리해주는 솔루션으로 부각되었다. 하지만 CRM 시스템의 가장 큰 단점은 안 그래도 바쁜 영업 사원이 CRM 시스템에 정보를 등록하고 관리해야 하는 부가적인 노력이 많이 필요하며, 그런 노력이 없이는 CRM 시스템이 별로 도움이 되지 않는다는 것이다.

그런데 AI 기반의 자연어 처리 기술이 비약적으로 향상되면서 고객과의 모든 활동 내역을 AI가 분석하고, 필요한 약속이나 핵심 사안을 자동으로 정리해주며, 일정에 기록하고 영업 담당자에게 실시간으

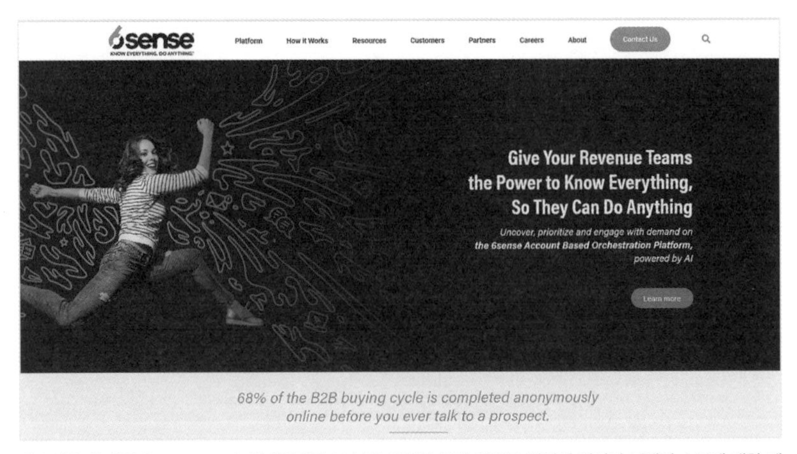

식스센스 홈페이지(6sense.com): 빅데이터와 AI 분석 기법을 통해 앞으로 기업에 제기될 고객의 수요에 대한 예측·분석 서비스를 제공한다.

로 알려준다면 어떨까? 자연어 처리 기술을 기반으로 이러한 고객관리 서비스를 제공해주는 회사가 인스트림(InStream)이다.

B2B 산업은 대체로 B2C에 비해 소수의, 그러나 고정적인 고객을 대상으로 사업을 영위하는 특성을 가진다. 만약 B2B 기업이 고객이 먼저 요구하기 전에 고객의 니즈를 파악할 수 있다면 어떨까? 고객을 경쟁사에 빼앗길 일도 적어지고 신뢰를 얻을 수 있으며 때론 경쟁사의 고객을 빼앗아올 수도 있을 것이다. 그런데 일반적으로 기업은 특정 이슈에 따라 새로운 니즈가 발생하면 정식으로 외부에 제안요청서를 띄우기 전에 내부적으로 조사하는 기간을 거친다. 인터넷 등 여러 채널에서 수집된 정보를 바탕으로 빅데이터와 AI 분석 기법을 통해 특정 기업에 대한 수요 예측·분석 서비스를 제공해주는 기업이 있다. 식스센스(6sense)가 그런 기업이다. 고객기반 마케팅을 위해 특정

에어로팜 홈페이지(aerofarms.com): 에어로팜은 실내에서 수경재배 시스템을 통해 천재지변으로 인한 피해를 최소화하며 농산물을 재배할 수 있도록 해결책을 제시한다.

고객의 활동 내역을 분석해 고객이 가까운 미래에 요구할 사안을 예측해주는 서비스를 제공한다.

전통적으로 오랜 역사를 가진 농업은 여전히 1차 산업으로 분류되며 최첨단 기술과는 동떨어진 분야로 인식된다. 그러나 AI는 농업에도 영향을 미칠 것이다. 갈수록 수요가 증가하는 농산물을 병충해나 천재지변에 영향을 적게 받으며 높은 생산성을 안정적으로 유지할 수 있는 방안이 있다면, 더구나 최대 수요처인 도시 근처에서 재배함으로써 물류 비용 절감은 물론 신선도까지 유지할 수 있는 방안이 있다면 최적일 것이다. 이런 농산물의 재배에 빅데이터와 AI를 결합해 사람의 손길이 없어도 최상의 농산물을 생산·공급하고자 노력하는 기업이 있다. 에어로팜(AeroFarms)은 농업의 개념을 바꿀 선도기업이 될지도 모르겠다.

이 외에도 우리가 늘 마시는 맥주를 AI가 발효시켜 생산·공급하는 회사가 있다. 영국의 맥주 회사 인텔리전트엑스 브루잉(IntelligentX Brewing)은 고객이 온라인으로 맥주에 대한 요청사항을 전달하면 시스템에서 이를 분석해 고객의 니즈에 맞는 맥주를 생산해 공급하는 회사다. 소규모 수제맥주 회사에서 대량생산 맥주와 차별화되는 고객 맞춤 맥주를 자동적으로 생산하고 있는 셈이다.

독일의 자동차 회사인 아우디는 미국 전역에 퍼져 있는 아우디 서비스센터의 서비스 직원들이 해결하지 못하는 자사 자동차의 고난도 기술 문제를 해결하기 위해 고급 엔지니어가 자주 출장을 다녀야 했다. 그러나 Audi Robotic Telepresence라는 기술을 도입하면서 원격으로 마치 현장의 기술자에게 바로 옆에서 조언하는 것과 같은 효과가 있어 원거리 출장을 현저히 줄일 수 있었다고 한다.

인공지능이 비즈니스의 근본을 바꾸게 될 것이다

여기서 언급한 사례 이외에도 수많은 기업에서 AI를 기업 비즈니스에 적용하기 위한 시도가 이루어지고 있다. 일부는 기업 자체적으로 투자 및 개발을 진행하고 있을 것이고 일부는 앞에서 언급한 것과 같이 별도의 전문 기업이 서비스 형태로 개발하고 있을 것이다. 그렇다면 과연 AI가 기업의 IT 환경과 비즈니스의 형태를 근본적으로 바꾸는 역할을 할 수 있을까?

앞의 글에서 소개한 컬럼비아대학교 호드 립슨 교수의 제로 원칙, 즉 '기존 산업계를 뒤흔든 혁신적인 기술은 그 기술의 적용을 통해 하나 또는 그 이상의 관련 비용을 거의 0원에 가깝게 절감할 수 있게 한다는 공통점을 가지고 있다.'라는 내용을 바탕으로 위 사례들을 생각해보면 그 답을 찾을 수 있을 것이다.

클라우드 IT 혁신이 다가오는가?

2018년 말 IBM이 340억 달러에 레드햇(Red Hat)을 인수한다는 뉴스가 발표되었을 때 세상의 반응은 놀라움 그 자체였다. 역대 소프트웨어 기업 인수 금액으로 사상 최고액이라는 것과 그 대상이 오픈소스 기반의 리눅스 업체인 레드햇이었기 때문이다. 하지만 시간이 지난 후 이에 대한 분석 기사들에서 인수의 핵심은 리눅스가 아니라 쿠버네티스(Kubernetes)라는 이야기가 많았다. 쿠버네티스는 2014년 구글에서 시작된 소프트웨어 컨테이너 통합 관리 환경 플랫폼(오케스트레이션이라고 함)으로, 현재 클라우드 네이티브 컴퓨팅 환경의 핵심으로 회자되고 있다.

클라우드 컴퓨팅으로 IT 패러다임의 전환이 시작되었다

IT 산업 역사에서 주요 변곡점이 될 만한 혁신적인 기술이 여러 번 등장했다. 메인프레임 컴퓨터의 등장, PC와 네트워크의 등장, GUI(그래픽 기능을 이용하는 사용자 인터페이스) 환경의 등장, 클라이언트/서버 컴퓨팅의 등장, 그리고 인터넷의 확산 등이 그것이다.

사실 1980년대 메인프레임 기반의 시스템 환경이 1990년대에 PC 기반의 GUI 운영체제 클라이언트/서버 환경으로 전환되면서 기업의 IT 시스템 인프라에 급격한 변화가 있었다. 이 시기 수많은 정보시스템의 신규 또는 재구축 프로젝트가 이어졌고, 이는 IT 시장이 폭발적으로 성장하게 되는 기반이 되었다. 뒤이어 웹 기반 인터넷은 클라이언트를 웹 브라우저로 바꾸어 오늘의 정보시스템의 중심을 차지하고 있으며 웹 환경은 다시 모바일로 확대·발전되었다.

한편 많은 사람들의 기대를 모았던 클라우드 컴퓨팅은 아직까지는 차세대 IT 혁신의 주인공으로 확고한 자리를 차지하지 못했다. 클라우드가 등장한 지 10년이 지난 것을 생각하면 확실히 확산 속도가 더디다. 특히 기업의 IT 시스템은 아직까지 자체적으로 구축해 운영하는 경우가 대부분이고(자체적으로 구축한 IT 시스템을 클라우드와 대비해 온프레미스 시스템이라고 부름), 이러한 시스템은 기업이 소유한 데이터센터에서 운영하고 있다. 데이터센터에서는 아직까지 클라우드 기술이 보편화되어 있지 않다.

물론 클라우드 컴퓨팅 분야에서 구글이나 아마존, 마이크로소프트 등 세계적인 기업들이 전 세계에 클라우드 컴퓨팅 환경을 제공하고 있다. 최근에는 대한항공이 향후 10년간 클라우드 체제로 전환한다고 발표했지만 인프라 서비스 중심이며, 아직까지 기업의 핵심 IT 시스템을 클라우드 컴퓨팅 환경으로 이전한 사례는 흔하지 않다.

그렇다면 왜 클라우드 기반 컴퓨팅이 IT 인프라의 중심이 되지 못하고 있는 것일까? 사실 앞서 언급한 주요 혁신기술을 되돌아보면 표면적으로는 IT 인프라의 변화로 보이지만 소프트웨어 개발·운영 환경의 혁신적 변화가 함께했다. PC가 등장하고 GUI가 등장하면서 PC 소프트웨어 개발 환경이 발전했고, 클라이언트/서버가 등장하면서 오픈시스템 기반의 미들웨어(여러 응용프로그램을 함께 운용할 수 있는 소프트웨어), 관계형 데이터베이스, 분산시스템 아키텍처가 발전했다. 또한 인터넷의 등장과 함께 웹 기반 개발 환경이 발전했다. 하지만 클라우드로 대표될 차세대 IT 인프라에서 소프트웨어 개발은 현재 어떤 상황인지 살펴볼 필요가 있다.

클라우드 컴퓨팅의 혁신은 결국 소프트웨어에서 시작된다

아마도 클라우드 컴퓨팅 혁신을 주도할 소프트웨어 기술은 소프트웨어를 컨테이너라는 작은 묶음으로 구성해 클라우드에서 실행하도록

글로벌 클라우드 컴퓨팅 성장 전망(2020~2027년)

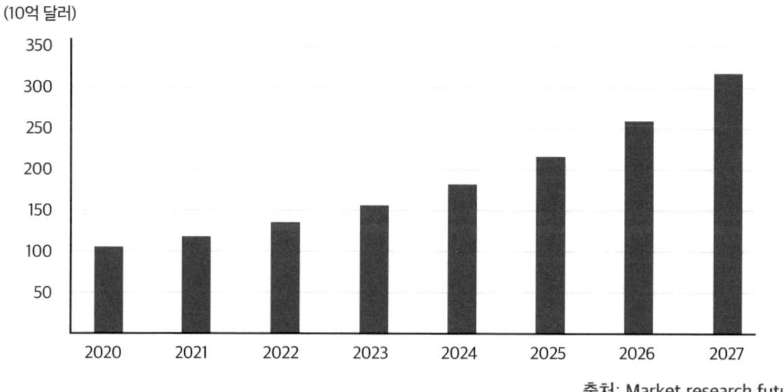

출처: Market research future

최적화된 애플리케이션이 될 것이다. 기업의 정보시스템을 클라우드로 전환할 때 단순히 서버와 스토리지 등 하드웨어를 클라우드 서비스로 활용하는 수준이라면 현재의 IT 인프라와 비교해 혁신이라고 할 수 없다. 이는 시스템 운영의 편의성 정도를 개선한 것이다. 따라서 클라우드 환경의 장점을 극대화하려면 이에 걸맞은 소프트웨어 아키텍처의 변화가 뒤따라야 한다. 이 중심에 쿠버네티스(소프트웨어 컨테이너를 클라우드 환경에서 효율적으로 실행하도록 관리해주는 시스템 소프트웨어)가 있다.

컨테이너로 포장된 애플리케이션을 물리적인 서버, 스토리지, 네트워크는 물론 운영체제까지 무관하게 가상의 클라우드상에 배포하고, 운영 안정성을 모니터링하고, 장애를 자동적으로 복구하며, 중단 없는 버전 관리는 물론 시스템의 과부하에 따른 소프트웨어 자원의 스케일 업·다운을 자동적으로 조정해주는 시스템이 쿠버네티스다.

한마디로 클라우드에서 소프트웨어 수행과 관련된 여러 가지 관리를 관장해주는 것이다. 이는 기업이 진정한 클라우드 컴퓨팅으로 IT 인프라를 이전할 때 핵심 소프트웨어 환경이 될 것이다. IT 시스템의 역사나 다름없는 IBM이 역대 최고의 금액을 지불하며 레드햇을 인수한 배경이 아마도 클라우드를 중심으로 하는 차기 IT 혁신의 시기가 다가오고 있음을 인지했기 때문이 아닐까?

하지만 이러한 클라우드 환경으로의 본격적인 전환은 쉽지 않을 것 같다. 우선 컨테이너 기술을 기반으로 하는 기업의 소프트웨어 개발 환경을 실현하기가 쉽지 않다. 쿠버네티스를 활용하려면 소프트웨어가 도커(소프트웨어 컨테이너를 개발하는 환경)와 같은 컨테이너 환경에 맞게 개발되어야 하는데, 기존의 시스템을 전환하기는 어렵고 신규 개발하기에는 IT 인력의 상황이 기술적으로 아직 많이 부족하다. 이는 윈도우 초창기, 클라이언트/서버 초창기 때도 유사했다. 컨테이너 기반 소프트웨어 개발 환경의 발전이 뒤따라야 하는 이유다. 그리고 기업의 핵심 애플리케이션인 ERP의 경우 세계적인 기업인 SAP는 아직도 웹 환경으로 이전조차 완료되지 않았다. 이는 다른 패키지 소프트웨어도 마찬가지다.

따라서 인터넷 기업이나 금융 기업과 같이 패키지 소프트웨어가 아닌 자체 개발 시스템을 중심으로 IT 환경을 구축하는 기업이 우선적으로 차기 클라우드 네이티브 IT 시스템으로의 전환이 이루어질 것이다. 패키지 소프트웨어를 사용하는 제조업 등은 해당 소프트웨어 기업의 변화가 따르지 않는다면 혁신의 대열에 동참하기 어려울 것이다. 물론 퍼블릭 클라우드 서비스를 제공하는 구글이나 아마존 등이 클라우드 네이티브 애플리케이션 환경을 제공하는 것을 활용해 일반 기업에서도 점진적으로 일부 시스템에 대해 클라우드로의 전환을 시도해볼 수 있다.

변화는 이미 시작되었다. 그리고 궁극적으로 클라우드 네이티브 IT 환경이 제공하는 장점이 뚜렷한 만큼 차세대 IT 혁신의 중심이 클라우드가 될 것이라는 점은 분명해 보인다. 하지만 기업이 부딪히게 될 난관을 쉽게 넘어갈 수 있는 솔루션을 제공할 수 있어야 혁신의 속도를 높일 수 있을 것이다. IBM이 레드햇을 인수한 이후 기업을 위해 어떤 솔루션을 내놓을지 관심이 간다.

✅ **소프트웨어 컨테이너(Software Container):** 소프트웨어 개발 방식의 하나로 소프트웨어 개발 시 애플리케이션과 그 실행에 필요한 라이브러리, 바이너리, 구성 파일 등을 패키지로 묶어 배포하는 것. 이렇게 하면 '개발자 노트북-테스트 환경-실제 운영환경'으로 환경이 바뀌어도 실행에 필요한 파일이 함께 따라다니므로 오류를 최소화할 수 있다. 운영체제를 제외하고 애플리케이션 실행에 필요한 모든 파일을 패키징한다는 점에서 운영체제 위에서 구현된 가상화, 즉 '운영체제 레벨 가상화'라고 한다.

디지털 트랜스포메이션 10대 트렌드

해마다 1월이면 여러 분야에서 새해에 대한 전망을 내놓는다. IT 분야도 예외는 아니다. 전망이 매번 맞는 것은 아니지만 최근의 IT 추세를 가늠해보고 새해 계획을 세우는 데 좋은 참고가 된다. 2019년 1월엔 〈포브스〉에 실렸던 '2019 디지털 트랜스포메이션 10대 트렌드'가 유독 눈에 들어왔다. 이제부터 제시할 10대 트렌드는 2019년 한 해뿐만이 아니라 가까운 향후 몇 년간 IT 기술의 주요 추세가 될 것이다.

1. 5G 시대의 본격적인 개막

최근 국내 언론에서도 5G 이동통신 기술에 대한 보도가 뜨겁다. 기존의 LTE 대비 최대 20배가량 속도가 빠르다는 5G 기술이 미래의 이동통신 기술이 될 것은 분명하다. 아직 인프라가 구축되어 있지 않고 단말기도 준비되지 않은 상황이지만 5G에 대한 본격적인 투자가 계속될 것은 분명해 보인다.

2. 챗봇의 진화

사실 챗봇은 인공지능 기술의 발전과 더불어 미래에 다양한 분야에서 인간을 대신해 활약할 것으로 예견된 기술이다. 시리나 빅스비 같은 음성대화 서비스에도 필요하고 온라인에서 고객 지원을 담당하기도 한다. 하지만 아직까지 사람에 비해 어색한 건 사실이다. 향후 수 년 이내에 기업의 40%가 챗봇 서비스를 도입할 것이라는 예상도 있는 만큼 앞으로 더욱 주목받는 기술이 될 듯하다. 2019년 12월 기준으로는 기업 핵심 정보시스템인 ERP에 챗봇 서비스가 결합되었다는 점이 주목할 만하다. 바로 SAP S4/HANA의 챗봇 서비스다. 하지만 국내에서는 한국어 인터페이스의 발전 여부가 관건이다.

3. 클라우드의 연결 확대(퍼블릭, 프라이빗, 하이브리드)

클라우드 서비스의 확대는 이제 더 이상 예측의 분야가 아니다. 앞으로도 클라우드 서비스의 범위는 점점 더 확장될 것이다. 아울러 쿠버네티스 같은 기술의 발전으로 진정한 클라우드 기반 컴퓨팅도 더 관심을 받을 것이다. 기업은 퍼블릭이나 프라이빗 등 한 가지 방식의 클라우드만 운영하는 것이 아니라 다양한 방식을 서로 엮음으로써 기업의 정보시스템에 통합하려는 움직임이 가속화될 것이다.

4. 블록체인 기술의 이해와 발전

2018년 말 IT 분야 최대의 화두 중 하나는 암호화폐였다. 국내에서도 암호화폐에 대한 뜨거운 설전이 곳곳에서 있었던 기억이 난다. 하지만 2019년 말 기준으로 암호화폐의 전망은 어둡다. 하지만 여전히 블록체인 기술에 대한 희망은 남아 있다. 다만 생각했던 것보다 블록체인 기술의 적용이 어렵고 적용 분야가 제한되어 있으며 완성도 높은 표준 기술이 없다는 사실이 알려졌다. 앞으로도 꾸준히 블록체인 기술의 적용에 대한 시도가 이어질 것이다. 다만 실용화되기까지는 좀 더 시간이 필요할 듯하다.

5. 데이터, 애널리틱, 머신러닝, 인공지능

2018년을 관통했던 핵심 이슈인 머신러닝과 인공지능은 여전히 그 중요성과 비중을 유지할 것으로 보인다. 특히 이 분야는 이제 새로운 마켓이 아니라 마이크로소프트, SAP, SAS, 세일즈포스닷컴 등 소프트웨어 분야의 거대 기업들이 본격적으로 관심을 갖는 분야가 되었다. 또한 기술의 발전에 따라 더 많은 기업에서 머신러닝과 인공지능을 활용하려는 시도가 있을 것이다. 데이터센터의 운영에서 기업의 핵심 소프트웨어인 ERP까지 머신러닝과 인공지능의 적용 분야는 지속적으로 확대될 것이다.

6. GDPR과 데이터 보안

유럽의 GDPR(General Data Protection Regulation, 일반개인정보보호

법)로 많은 기업들이 영향을 받았다. 2018년 기준으로 1/3가량의 기업이 GDPR 준수가 미흡하다고 한다. GDPR을 시작으로 향후 정보보안에 대한 법적·제도적 규제는 더 강화될 것이다.

7. 증강현실의 본격적인 적용

'포켓몬고'를 기억하는가? 최근 몇 년간 증강현실과 가상현실, 그리고 이를 혼합한 MR(Mixed Reality)에 대한 관심이 높았다. 하지만 가상현실은 게임과 일부 교육 훈련 분야에서 적용이 활발하지만 전체적으로 증강현실보다는 활용도가 떨어지는 추세다. 증강현실은 아이폰 등 스마트폰에서도 본격적인 활용이 예상되는 등 더욱 넓은 범위에서 활용도가 높아질 것으로 예상된다. 앞으로 더 많은 기업에서 증강현실을 업무에 적용하는 것에 대해 고민하게 될 듯하다.

8. 엣지 컴퓨팅과 IoT

클라우드 컴퓨팅의 일부이면서 기존의 중앙 집중화된 클라우드 컴퓨팅 방식이 아닌 로컬데이터 수집 사이트에서 바로 컴퓨팅을 수행하는 엣지 컴퓨팅이 IoT의 본격적인 적용에 따라 주요 컴퓨팅 방식으로 자리 잡을 것이다. 발전하는 하드웨어 기술과 대량생산에 따른 비용 하락으로 IoT 센서 주변에 컴퓨팅 파워를 추가하는 것이 점점 더 현실적인 방안이 되어가고 있다. 그에 따라 수많은 IoT 센서에서 수집하는 방대한 양의 데이터를 중앙의 서버로 전송하는 부담 없이 로컬에서 대부분의 데이터 처리를 수행하는 방식이 더 확산되는 것이다. 특히 최근 자율주행차 기술에서 엣지 컴퓨팅은 중요한 역할을 할 것으로 예상된다.

9. 사용한 만큼만 비용을 지불하는 IT 서비스의 발전

클라우드 서비스가 확대되고 다양한 as-a-Service(Infra-as-a-Service, Platform-as-a-Service, Software-as-a-Service와 같이 IT 시스템을 구성하는 다양한 계층을 묶어 '무슨 무슨 서비스'로 제공하는 개념을 일컫는 말) 분야가 등장했다. 기업에서 IT 시스템을 운영하고 임직원에게 IT 서비스를 제공하기 위해 지불하는 비용의 일부분이 점차 고정 비용에서 서비스를 받은 만큼만 비용을 지불하는 방식으로 전환될 것이다. 이미 하드웨어 인프라 분야에서 클라우드 서비스를 적용해 일부 인프라 운영 비용을 고정비에서 과금체계에 따른 비용으로 전환한 회사들이 많다. 이러한 추세는 계속 확대될 전망이다.

10. CEO의 결정이 중요해진다

아마도 2020년은 기업의 IT 패러다임에 큰 변화가 시작될 해가 될지도 모른다. 4차 산업혁명을 비롯한 인공지능과 클라우드 기반 컴퓨팅, IoT, 그리고 산업의 변화 등 앞으로 기업의 운명을 결정지을 디지털 트랜스포메이션과 관련해 중요한 투자와 전략의 변경 등을 위한 판단이 필요하다. 이런 중요한 결정은 결국 CEO의 몫이 될 것이며 향후에는 CEO의 판단이 더욱더 중요해질 것이다.

2019년은 본격적인 미래로 가는 준비를 하는 해였다. 위에서 언급한 디지털 트랜스포메이션과 관련된 이슈들뿐만이 아니라 최근 정치, 사회, 문화, 경제 각 분야에서 이어지고 있는 많은 대립과 갈등 역시 미래 사회로 가는 길목에서 기존의 사고방식과 미래를 준비하는 사고방식이 서로 충돌하기 때문이라고 볼 수 있을 것이다. 예를 들어 인공지능, 자율주행차, 승차공유, 최저임금, 고용, 출산율 등 이슈가 되는 분야 하나하나가 결국 미래의 변화에서 자유로울 수 없는 것들이다. 변화의 시기는 언제나 혼란스럽다. 하지만 변화는 피할 수 없다.

챗봇(Chatbot): 챗봇이란 텍스트 또는 음성을 통해 사용자와 사람처럼 대화할 수 있는 인공지능 기술을 이용한 프로그램을 말한다. 챗봇은 고객서비스 상담원을 대체하거나 인공지능 대화 방식 사용자 인터페이스의 핵심 기술로 사용한다. 향후 인공지능 기술의 사용범위가 확대될수록 자연스러운 대화 방식의 적용이 증가할 것으로 예상되어 미래 주요 기술로 주목받고 있다.

GDPR: 일반개인정보보호법(General Data Protection Regulation). 유럽연합에서 2016년 4월 27일에 채택된 정보보호법안으로 유럽연합에 속해 있거나 유럽경제지역(EEA)에 속해 있는 모든 인구들의 사생활 보호와 개인정보를 보호해주는 규제로, 2018년 5월 25일부터 발효되었다. GDPR은 지령이 아닌 규정이므로 직접적인 강제력이 있고 적용이 가능하다. 발효된 첫날, 구글과 페이스북이 제소된 것이 언론에 보도되면서 많은 관심을 끌었다.

참고문헌

『Accelerate: The Science of Lean Software and DevOps: Building and Scaling High Performing Technology Organizations』, Nicole Forsgren PhD & Jez Humble & Gene Kim, IT Revolution Press; 1 edition (March 27, 2018)

『Age of Context: Mobile, Sensors, Data and the Future of Privacy』, Robert Scoble & Shel Israel, Patrick Brewster Press; 1 edition (April 28, 2014)

『AI Superpowers: China, Silicon Valley, and the New World Order』, Kai-Fu Lee, Houghton Mifflin Harcourt (September 25, 2018)

『Blockchain Technology Explained: The Ultimate Beginner's Guide About Blockchain Wallet, Mining, Bitcoin, Ethereum, Litecoin, Zcash, Monero, Ripple, Dash, IOTA and Smart Contracts』, Alan T. Norman, Amazon Digital Services LLC (December 12, 2017)

『Capital in the Twenty-First Century』, Thomas Piketty, Harvard University Press (August 14, 2017)

『Chatbots: An Introduction And Easy Guide To Making Your Own』, Oisin Muldowney, Curses & Magic (August 27, 2017)

『Cloud Native Architectures: Design high-availability and cost-effective applications for the cloud』, Tom Laszewski & Kamal Arora & Erik Farr & Piyum Zonooz, Packt Publishing; 1 edition (August 31, 2018)

『Driverless: Intelligent Cars and the Road Ahead』, Hod Lipson & Melba Kurman, The MIT Press; 1St Edition edition (September 23, 2016)

『Everybody Lies: Big Data, New Data, and What the Internet Can Tell Us About Who We Really Are』, Seth Stephens-Davidowitz, Dey Street Books (May 9, 2017)

『Experience on Demand: What Virtual Reality Is, How It Works, and What It Can Do』, Jeremy Bailenson, W. W. Norton & Company; 1 edition (January 30, 2018)

『How the Internet Happened: From Netscape to the iPhone』, Brian McCullough, Liveright; 1 edition (October 23, 2018)

『How To Make Money Blogging: How I Replaced My Day-Job and How You Can Start A Blog Today』, Bob Lotich, Amazon Digital

Services LLC (November 11, 2013)

『Human + Machine: Reimagining Work in the Age of AI』, Paul R. Daugherty과 H. James Wilson, Harvard Business Review Press (March 20, 2018)

『Marketing 4.0: Moving from Traditional to Digital』, Philip Kotler & Hermawan Kartajaya & Iwan Setiawan, Wiley; 1 edition (November 17, 2016)

『No Ordinary Disruption: The Four Global Forces Breaking All the Trends", Richard Dobbs & James Manyika & Jonathan Woetzel, ublicAffairs; Reprint edition (August 30, 2016)

『Open Source Strategies for the Enterprise』, Simon Phipps, O'Reilly Media; 1 edition (July 12, 2012)

『Outsourcing Mastery: How to Build a Thriving Internet Business with an Army of Freelancers』, Steve Scott, Amazon Digital Services LLC (January 18, 2014)

『Platform Revolution: How Networked Markets Are Transforming the Economyand How to Make Them Work for You』, Geoffrey G. Parker & Marshall W. Van Alstyne & Sangeet Paul Choudary, W. W. Norton & Company; 1 edition (March 28, 2016)

『Reinvent Yourself』, James Altucher, Choose Yourself Media, James Altucher (January 5, 2017)

『Revealing the Invisible: How Our Hidden Behaviors Are Becoming the Most Valuable Commodity of the 21st Century』, Thomas Koulopoulos & George Achillias, Post Hill Press (June 5, 2018)

『Rise of the Robots: Technology and the Threat of a Jobless Future』, Martin Ford, Basic Books (May 5, 2015)

『Startup: Essential Startup Guide - Entrepreneur, Small Business & Online Business』, Bill Robb, CreateSpace Independent Publishing Platform (February 12, 2016)

『Superforecasting: The Art and Science of Prediction』, Philip E. Tetlock & Dan Gardner, Crown (September 29, 2015)

『The Big Data Opportunity in Our Driverless Future』, Evangelos Simoudis, Amazon Digital Services LLC (February 14, 2017)

『The Bottomless Cloud: How AI, the next generation of the cloud, and abundance thinking will radically transform the way you do business』, Thomas Koulopoulos & David Friend, Hybrid Global Publishing (January 15, 2019)

『The Facebook Effect: The Inside Story of the Company That Is Connecting the World』, David Kirkpatrick, Simon & Schuster (May 20, 2010)

『The Fourth Industrial Revolution』, Klaus Schwab, Currency (January 3, 2017)

『The Fourth Transformation: How Augmented Reality & Artificial Intelligence Will Change Everything』, Robert Scoble & Shel Israel, Patrick Brewster Press; 1 edition (December 7, 2016)

『The Innovator's Dilemma: The Revolutionary Book That Will Change the Way You Do Business』, Clayton M. Christensen, HarperBusiness (October 4, 2011)

『The Kubernetes Book: Version 3』, Nigel Poulton, Unknown (June 18, 2017)

『The Martian: A Novel』, Andy Weir, Broadway Books (February 11, 2014)

『The Phoenix Project: A Novel about IT, DevOps, and Helping Your Business Win』, Gene Kim & Kevin Behr & George Spafford, IT Revolution Press; 3 edition (February 6, 2018)

『The Second Machine Age: Work, Progress, and Prosperity in a Time of Brilliant Technologies』, Erik Brynjolfsson & Andrew McAfee, W. W. Norton & Company; 1 edition (January 25, 2016)

『The Sharing Economy: The End of Employment and the Rise of Crowd-Based Capitalism』, Arun Sundararajan, The MIT Press (May 13, 2016)

『The Silent Intelligence: The Internet of Things』, Daniel Kellmereit & Daniel Obodovski, DND Ventures LLC; 1 edition (September 20, 2013)

『What's Your Digital Business Model?: Six Questions to Help You Build the Next-Generation Enterprise』, Peter Weill & Stephanie Woerner, Harvard Business Review Press (April 17, 2018)

『What To Do When Machines Do Everything: How to Get Ahead in a World of AI, Algorithms, Bots, and Big Data』, Malcolm Frank & Paul Roehrig & Ben Pring, Wiley; 1 edition (February 13, 2017)

『Who Owns the Future?』, Jaron Lanier, Simon & Schuster (May 7, 2013)

『Write and Grow Rich: Secrets of Successful Authors and Publishers (Exclusive Tips from Publishing Experts)』, Alinka Rutkowska와 Adam Houge & Alexa Bigwarfe 외 7인, Leaders Press (October 2, 2018)

『Zero to One: Notes on Startups, or How to Build the Future』, Peter Thiel & Blake Masters, Currency; 1 edition (September 16, 2014)

찾아보기

알아두면 쓸모 있는 IT 상식

초판 1쇄 발행 2019년 12월 23일
초판 2쇄 발행 2020년 7월 10일

지은이 | 정철환
펴낸곳 | 원앤원북스
펴낸이 | 오운영
경영총괄 | 박종명
편집 | 김효주 최윤정 이광민 강혜지 이한나
마케팅 | 송만석 문준영
등록번호 | 제2018-000146호(2018년 1월 23일)
주소 | 04091 서울시 마포구 토정로 222 한국출판콘텐츠센터 319호(신수동)
전화 | (02)719-7735 팩스 | (02)719-7736
이메일 | onobooks2018@naver.com 블로그 | blog.naver.com/onobooks2018
값 | 15,000원

ISBN 979-11-7043-044-5 03320

이 도서의 국립중앙도서관 출판예정도서목록(CIP)은 서지정보유통지원시스템 홈페이지(http://seoji.nl.go.kr)와 국가자료종합목록 구축시스템(http://kolis-net.nl.go.kr)에서 이용하실 수 있습니다. (CIP제어번호: CIP2019046948)